JN071611

伝わる経理のコミュニケーション術

公認会計士 **白井敬祐** 著

税務研究会出版局

はじめに

　本書をお手に取ってくださりありがとうございます！公認会計士の白井敬祐です。本書は拙著『経理になった君たちへ』の続編です。前作をお読みいただいた方、今作も引き続きありがとうございます。そして、今作から読み始めますという方は初めまして！前作を読んでいなくても楽しんで学習していただくことができますのでご安心ください！

　経理の仕事の全体像を描いた前作に対して、今作は経理パーソンの「コミュニケーション」に焦点を当てています。「経理部に配属されたばかりで部内や社内の立ち振る舞いがよくわからない……」という新入社員や「経理部で数年働いているけど思っていることが相手にうまく伝わらず仕事がスムーズに進まないことが多い……」と感じている若手経理パーソンに向けて、経理部の仕事の進め方、とりわけ前作で大きな反響のあったコミュニケーション能力の大切さと、求められるスキルをより具体的にお伝えするために執筆しました。

　世間一般では経理部といえば「パソコン作業ばかりで誰とも話さない部署」のようなイメージがあるかもしれません。そのためコミュニケーションが苦手でも問題ないと思われがちですが、それは大きな誤解です。経理部は社内外における様々な調整業務が本当に多いです。一日のほとんどが会議で終わる日もあり、そのための資料作成やプレゼン、関係部署への依頼など、コミュニケーション能力が求められる場面ばかりなのです。コミュニケーション能力がなければ経理パーソンとして仕事をスムーズに進めることは絶対にできませんし、私自身もそれがなかったがゆえに最初は事業会社時代に大変な苦労をした覚えがあります。

　一方で、コミュニケーション能力は簿記や会計知識等のハードスキルと異なり、どうやって学んだらよいのかわからない方も多いと思います。本書には私が事業会社時代に悩みながら身につけた「コミュニケーション術」を詰め込んでおりますので、ぜひご参考にしていただき、そのような若手経理パーソンの皆さまのお力になれたら幸いです。

　今作も前作同様、経理部の新入社員である会計太郎くんを主人公としたストーリー形式で物語が進み、各章は「マンガ」「チャット形式」、「文章と図解」という構成にしています。ライバルとなる新キャラの灰井輝（ぐれいてる）くんにもご注目ください。

　最後になりますが、本書の企画、編集および校正にわたってご尽力いただいた税務研究会中部支局の河瀬輝氏、税務研究会出版局の鈴木雅人氏、本書を刊行するにあたり全面的なお力添えをいただいた株式会社税務研究会の皆様に厚く御礼申し上げます。

2023 年 4 月

公認会計士　白井敬祐

登場人物

会計 太郎
（かいけい たろう）

経理の知識がないまま灰井（ぐれい）商事の新入社員として経理部に配属された。現在親会社の黒井HDに出向中。

灰井 輝
（ぐれい てる）

灰井商事の社長の息子。黒井HDで太郎と共に働く。

公認会計士 YouTuber くろい

会計をわかりやすく解説する人気YouTuber。太郎からのDMをきっかけに様々な助言や叱咤激励を行う関係に。その正体は白井先輩だが太郎は気づいていない。

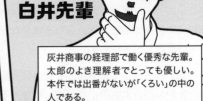

白井先輩

灰井商事の経理部で働く優秀な先輩。太郎のよき理解者でとっても優しい。本作では出番がないが「くろい」の中の人である。

経理部長

黒井HDの経理部長で、太郎と灰井輝の上司。人当たりよく温厚で滅多に怒らない。

社長

灰井商事の社長で灰井輝の父。すぐ怒鳴ったり怖い存在だが太郎には期待しており、もっと成長してほしいという親心から親会社の黒井HDへ出向させた。

目次

第1章

[概要]
経理パーソンの
コミュニケーション！

chapter 01

「経理部は黙って仕事する事務作業員だからコミュニケーション能力は不要だ」と思っている皆さん、こんにちは！はっきりいいましょう。その考えは間違っています！経理部は非常にコミュニケーション能力を求められます。本章では、前作『経理になった君たちへ』のおさらいも兼ねて、経理部においてコミュニケーション能力がいかに重要であるかについて解説し、その必要性を理解していただければと思います。

くろいさーん!!ちょっと聞いてくださいよ！

「公認会計士YouTuberくろいちゃんねる」を運営
している公認会計士のくろいと申します。
どうぞよろしくお願いいたします。

初回だからきちんと自己紹介するんですね。

読者は俺のこと知らねーだろ。空っぽの頭なんだ
からちょっとは考えて発言しろよ。

あいかわらず口が悪い。。。でも、くろいさんには
たくさん経理のこと教えてもらって助かってます。

そうだよな。コンサル料を請求したいくらいだよ。
ていうか後で請求するから覚悟しとけよ。

破産しちゃいそうだ。。。くろいさんが教えてくれ
た中でも「経理部はコミュニケーション能力が必
要」っていうのはすごく意外でした。

世間的には経理部は黙って座ってパソコン作業してるだけの人という誤解がはびこってやがるからな。俺はその辺から経理部に対する誤解を解いていきたいんだ。

僕も最初経理部に配属されるまでは、椅子に座るだけの簡単なお仕事でラッキーなんて思ってたらとんでもない。
一日中喋ってるなんてことありますよね。

よし、前作のおさらいもかねて、いかに経理部はコミュニケーション能力が必要か解説してやるから耳の穴かっぽじってよーく聞いておけよ！

はい！ありがとうございます！

さあ物語の始まりです

全米が泣いたあの超大作『経理になった君たちへ』（白井敬祐著、税務研究会出版局）は、もう皆さんお読みになりましたか？読んでいただいた方はまたお会いできましたね。まだ読んでいない方でも本書は読めるようになっていますが、前作を読んだ方がより一層楽しめると思いますので今すぐ本屋へ行ってください！

本書は前作に引き続き主人公の会計太郎くんが新入社員として失敗を重ねながら会社員として成長していく姿を通して読者の方々にも学習していただくというコンセプトになっております。

【前作のあらすじ】

前作では会計太郎くんは大学卒業後、中小企業の灰井商事の経理部に配属されましたが、簿記や経理の知識が全くなく失敗続きでした。そんなところに公認会計士 YouTuber くろい（中身は実は同じ会社の白井先輩）と連絡をとり合うようになり、相談しながら、そして時には厳しいこともいわれながら苦難を乗り越えていきます。やがて灰井商事も成長して大会社となり、監査対応もこなすようになる会計太郎くんですが、黒井ホールディングスに灰井商事は買収され、子会社の経理パーソンとして活動する中、社長命令で親会社の黒井ホールディングスの経理部に出向することになります。

【本書で伝えたいこと】

　前作では、様々な会社の規模や種類などに分けて「経理部の業務内容」について紹介してきましたが、本書では、黒井ホールディングス（親会社）の経理部に出向した会計太郎くんにフォーカスをあて**「経理部の仕事の進め方」**について学習していきます。仕事の進め方とは、会社の日常の業務やプロジェクトの業務を遂行することをいいますが、**いくら会計知識が豊富で、経理部の業務内容に精通していたとしても、会社員としての立ち回り方を知っておかないとスムーズに業務を遂行することはできません。**スムーズに業務を遂行できないと会社員としての評価は低くなり、出世は難しくボーナスの査定は厳しくなるでしょう。本書でこの立ち回り方を参考にしていただくことによって、皆さんの明日の業務がスムーズに進むことを願っております。

【図1-1-1】本書で伝えたいこと

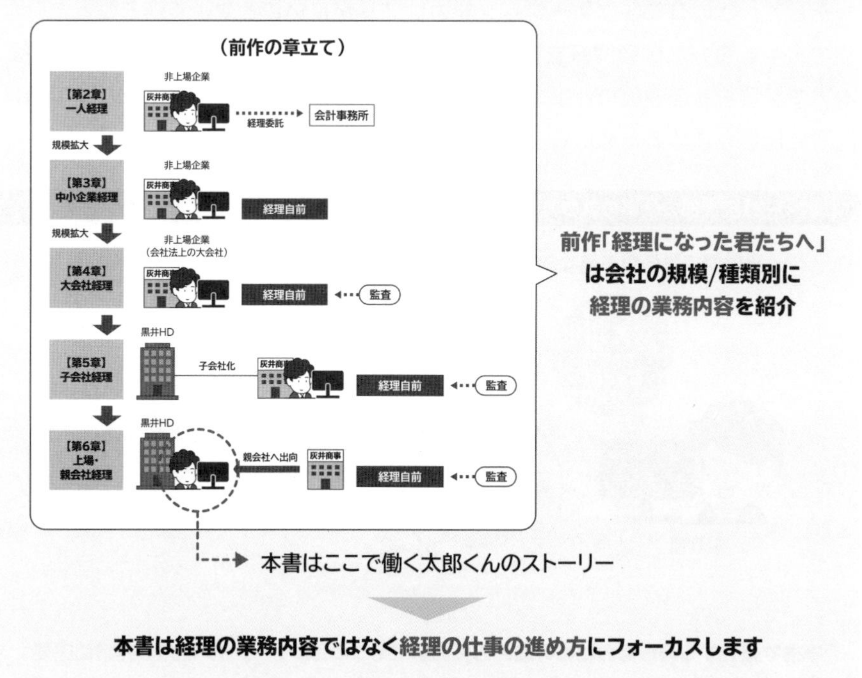

本書は経理の業務内容ではなく経理の仕事の進め方にフォーカスします

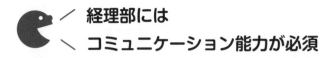

経理部には
コミュニケーション能力が必須

　前作で、経理部で最低限必要なスキルは、簿記・Excel・コミュニケーション能力の３つだということを話してきました。そして特に反響があったのが**経理部にはコミュニケーション能力が必要**ということです。経理部は専門職なので「簿記とかの専門知識だけもってればいいんでしょ？」とか、「経理部は机に座って誰とも話さず黙々と作業する事務職員でしょ？」という誤解を多くの方がされていましたが、実はそうではありません。事業部など他部署から経理処理についての相談などをよく受けますし、他部署へ必要書類の提出を依頼したり、決算早期化などのプロジェクトを推進するなどの場面において、コミュニケーション能力がないと仕事を完遂することはできません。

　そして、このコミュニケーション能力はノリが良いことやよく喋ることではなくて相手と良好な信頼関係を築くことというのも前作でお話ししてきましたね。本書で学習する経理部の仕事の進め方においてもこのコミュニケーション能力は円滑に仕事を進めるためにも非常に重要になってきます。

① ② ③ ④ ⑤

【図1-1-2】経理部の仕事の進め方で重要なスキル

経理部で最低限必要な3つのスキル

Excel

簿記の知識

最低限身につけろ！！

コミュニケーション能力

経理部

本書で紹介する経理部の仕事の進め方においてもコミュニケーション能力は非常に重要

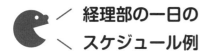

経理部の一日の
スケジュール例

　「経理部は一日中誰とも話さずに黙ってパソコンに向かって仕事している」という誤解が非常に多くの人にはびこっていますので、ここで経理部の一日のスケジュールをみてみましょう。経理の一日のスケジュールは繁忙期（決算時期）とそれ以外で大きく変わってきますので、まずは繁忙期以外のスケジュールからみていきましょう。

　ちょっと詰め込んだ感はありますが、実際に一日中ミーティングばかりして、トイレに行く時間すら難しい日もあります（いつもこんな感じというわけではないですが、割と多いです）。この場合、一日中誰かしらとコミュニケーションをとっていることが多く、作業時間よりもコミュニケーション時間の方が多くなります。

　それでは次に繁忙期の経理部の一日のスケジュールをみてみましょう。

【図1-1-3】 経理部の一日のスケジュール例（繁忙期以外）
8:00　　　　　起床
9:00〜10:00　通勤
10:00　　　　出勤
10:00〜10:30　メール/チャットをチェック
10:30〜11:30　【定例会】 業務改善プロジェクト 進捗報告ミーティング
11:30〜13:00　昼休憩
13:00〜13:30　【1on1】with 上司
13:30〜14:30　【定例会】開示担当チーム
14:30〜16:00　【経理部会】 情報共有ミーティング
16:00〜16:30　休憩/チャット返信
16:30〜17:30　【よもやま】with 同僚
17:30〜18:30　【定例会】役員報告会
18:30〜20:00　自分の作業
20:00〜21:00　帰宅

【図1-1-4】 経理部の一日のスケジュール例（繁忙期）
7:00　　　　　起床
8:00〜9:00　通勤
09:00　　　　出勤
09:00〜16:00　決算作業
16:00〜16:30　決算進捗報告ミーティング
16:30〜20:00　トラブル対応
20:00〜23:00　決算作業
23:00〜00:00　帰宅

①
②
③
④
⑤

繁忙期以外のスケジュールと違って、ほとんどが作業時間です。ランチや夕食も簡単に素早く済ませることが多いです。帰りは終電で帰ることも多く、トラブルの度合いによっては……。経理部というとこの繁忙期のイメージが世間では一般的なのかもしれません。

【重要】繁忙期よりも それ以外の時期の方が大変！

ちなみに、繁忙期の方が大変そうにみえるかもしれませんが、筆者の感覚でいうと実はそうではありません。繁忙期は限られた時間の中で大量の仕事をこなし夜遅くまで残業することが多いので、確かに肉体的には大変です。しかし、経理の決算の仕事はやることがほとんど決まっています。毎年やることが決まっているタスク表に沿って仕事をする、いわば電車のように敷かれたレールの上に沿って走れば良いだけなので、精神的な負担は少なく楽なのです。

繁忙期以外は先ほどのスケジュールでみた通り、プロジェクト業務や役員報告などのコミュニケーション業務が主であり、精神的な負担は大きくなります。つまり、繁忙期以外で特にコミュニケーション能力が必要とされ、もしその能力を軽視し、仕事の立ち回り方を誤ると会議などで炎上（会議中に四方八方から批判が集中したり、会議の収拾がつかなくなること）し、その精神的負担は倍となるでしょう。

よって、繁忙期よりも繁忙期以外の方が大変であり、そこでは特にコミュニケーション能力が問われるということをぜひ覚えておいてください。

【図1-1-5】繁忙期とそれ以外の負担比較

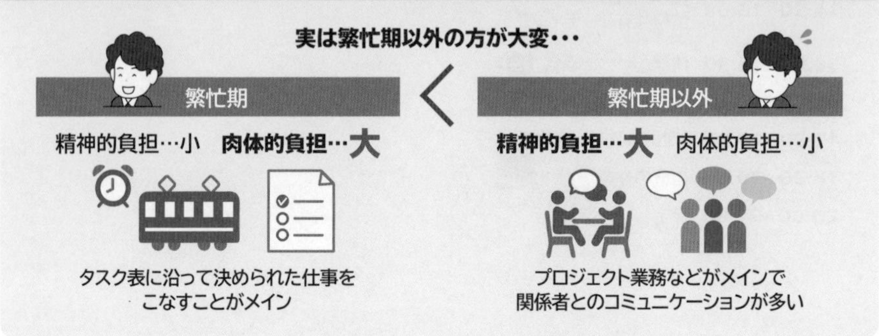

実は繁忙期以外の方が大変・・・

繁忙期	繁忙期以外
精神的負担…小　肉体的負担…**大**	**精神的負担…大**　肉体的負担…小

タスク表に沿って決められた仕事をこなすことがメイン

プロジェクト業務などがメインで関係者とのコミュニケーションが多い

それよりくろいさん、聞いてくださいよ。

なんだ？

同じように決算早期化を提案したのに、僕の提案は却下されて、同僚の灰井輝ってやつの提案は採用されたんですよ！
これって灰井輝が子会社の灰井社長の息子だから優遇されてるんですよね!?よくないですよね!?

あー、なるほど。さてはお前、何も考えずにみんなのいる会議にいきなり提案しただろ？

（ギクッ！）な、なんで知ってるんですか!?

やっぱりそんなことだろうと思ったよ。

それの何がいけないんですか!?

13

会社ってのはいろんな考えをもったいろんな人が働いているんだよ。だからその様々な思いの調整業務をすることが会社では大切になってくるんだ。経理の仕事の9割は調整業務といっても過言ではない。

け、経理の仕事は調整業務が9割!?なんか違う本のタイトルで聞いたことあるような!?じゃあ、簿記の知識は何割ですか!?

9割だ！

（駄目だこいつ……！
早くなんとかしないと……！）

会社は十人十色の戦士がいる闘技場

　突然ですが、皆さんの地元で正月に食べるお雑煮はどのようなものでしょうか？すまし汁にお餅と野菜などの具材を入れたものが関東の方は一般的かもしれませんが、果たしてそれが「普通」なのでしょうか？地方では様々なお雑煮があり、筆者の地元香川県では白味噌にあんこ入りのお餅を入れて食べるのが「普通」です。香川県以外の人がこれを聞くと「変なの」と思うかもしれませんが、筆者が香川県を出るまではそれが「普通」のことであり、正しいことであると思っていました。

　さて、突然お雑煮の話から始まりましたが、何がいいたいのかというと、**人それぞれが思っている「普通」や「正しい」ことはお雑煮のことだけでなく、仕事のやり方や考え方もひとりひとり違っているということです。**自分が絶対に正しいと信じていたことがあったとしても他の人からみればそれは絶対間違っているとみえることもあります。

　そのような様々な思いと思いがぶつかっている闘技場、それが会社です。会社は従業員や役員どうしが話し合って意思決定し、様々な関係者を巻き込みながら事業活動を行います。何十年と別々の人生の道を歩んできた者たちが、ばったり一つの場所に出くわすわけです。たまたま思いが同じ者どうしである場合もありますが、大抵の場合は全く考え方が違うものどうしであることが多いです。太郎くんのように絶対正しいと思って提案したことが多くの人からみればそれは良くない提案にみえて却下される場合もあります。

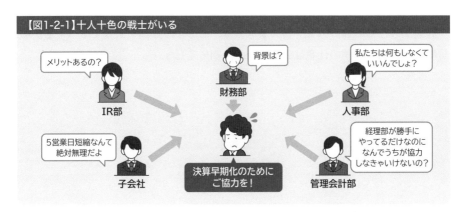

【図1-2-1】十人十色の戦士がいる

経理の仕事を円滑に進める上で
重要なのは調整業務

　経理の仕事は他のメンバーや他部署に依頼することが多く、何も配慮せずに適当な依頼を繰り返していれば必ずどこかでつまづきます（いわゆる炎上です）。特に、例えば経理部主導の決算早期化プロジェクトなど、既存業務を大きく改革するような多くの関係者を巻き込むプロジェクトは必ずどこかで炎上します。なぜなら、一方の利益は他方の不利益だったり、「思いが納得できない」などというような関係者が現れるからです。

　このように関係者が多くなればなるほど炎上リスクは高まり、円滑に仕事が進まなくなります。経理の仕事は、一人で完結するものではなく、例えば経費精算してくる従業員や請求書を送付してくる取引先または営業部など誰かしら関係者が存在し、業務遂行上その人とコミュニケーションしながら仕事を進める必要があるため、常に炎上リスクに晒されています。

　しかし、その炎上リスクを減らし、スムーズに仕事を進めるためのちょっとしたコツがあります。それは、いわゆる**調整業務をしながら仕事を進めること**です。調整業務は例えば以下のような行動です。

- **認識合わせ**　　誤解を解いたり、必要性を周知する
- **期待値調整**　　過度な期待があるなら下げておく
- **妥協点の検討**　一方を立てれば他方が立たないような状況でお互いがギリギリ
　　　　　　　　　生きていけるような道筋を探す

　経理部の仕事の進め方で一番大事なのは、このような調整業務です（くろいの言葉を借りれば経理の仕事は調整業務が9割です）。

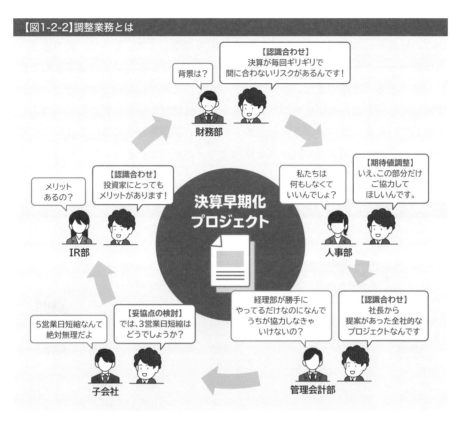

【図1-2-2】調整業務とは

知識豊富な人ほど 立ち回り方は要注意！

　特に経理部で簿記や会計を勉強された方で知識豊富な方は、「あるべき」経理処理という正解を知っているので、当然のようにその「あるべき」論の意見を通そうとしますが、他の経理メンバーや他部署など周りからみればなぜそれが正しいのかわからず、間違ったことをしているようにみえていることが多いです。よって、**なぜ「あるべき」論が正しいのか相手の意見も尊重しながら説明し妥協点を模索する、というような調整業務のプロセスが必要になります。あるべき会計知識を調整業務によって実務に落とし込む、これこそが会計実務の本質である**と筆者は考えます。

しかし、そのプロセスを通過せずに、「あるべき」論ばかりを繰り返していたら、周りの社員からの信頼を失い、やがて会社内で孤立します。だって、周りからみれば間違ったことを叫んでいる人にしかみえないのだから。いくら事実として正しかろうとも「理解できないあいつらがバカだ」と声高に叫ぼうとも周りの人に理解してもらえなければ意味がありませんし、残念ながら会社員としての能力が不足しているとしかいいようがありません……。調整業務をしながら関係者の意見をとり入れつつ関係者の納得感を得た上で「あるべき」正解にたどり着くことが会社で生きる上で必要な力になります。

【図1-2-3】あるべき論はほどほどに

収益に関する会計基準が変わりました。
製品販売と保守サービスは別々に分けて売上計上しますので、
契約書と請求書もちゃんと区別してわかるようにしてね。
法律の決まりなんだから、異論は認めないよ。
業績評価とかいわれてもよくわかんないし、そっちでよろしくやってよ。
基準書も添付しますね。読んでおいてください。
じゃぁ、よろしく！

（なんだこいつ…？）

経理部　　　　　　　　　　　　　　　　　　　　　　　事業部

【振り返り】
太郎くんはどうすべきだったか？

さて、第1章の漫画パートで会計太郎くんは見事に撃沈していましたが、いったい何がダメだったのでしょうか？答えは全部です。すべて間違っています。唯一合っていることがあるとすれば「決算早期化はするべき」という「あるべき」論だけですが、前述の通り、「あるべき」論だけ振りかざしても周りの理解を得られていなければ、それはその会社では間違いと認識されてしまいます。

会計太郎くんは何の調整業務もなしに思いつきで大勢のメンバーの前で決算早期化という「あるべき」論を語っていますね？確かに決算は早く確定させるほうが良いのですが、なぜ今それができていないのかやそれについて周りの人はどう思っているのかなどを知らずに「あるべき」論を語ってしまっているので周りの反発を受けて撃沈しています。

　また、自分の思いを伝えるのに口頭だけで伝えようとしていますが、これでは
うまく伝わらないでしょう。会議で何か相手に伝えようとするならば可視化して
わかりやすく説明する必要があります。

　そして、口頭だけの説明にもかかわらず特に事前にリハーサルすることもなく
アドリブで会議本番で話しています。

　以上のように太郎くんは会社員としての行動がすべて誤っていたために会議で
炎上してしまいました。読者の皆さんもこのように炎上してしまった経験がある
方もいらっしゃるのではないでしょうか。炎上の原因のほとんどは調整業務を怠
るなど会社での立ち回り方を誤ったことにあります。

【図1-2-3】太郎くんの反省

  今回の太郎くんの評価　**0点/100点**

	評価	反省点
あるべき論だけを語っている	✖	絵空事いってんじゃねえよ！ 実務的に無理だろ！
調整業務なし	✖	いきなりそんな大事いわれてもねぇ… すぐに判断できないよ
口頭だけで説明	✖	なんかよく伝わらないなぁ…
アドリブで話している	✖	何いってるかわからねぇ…

 **本書の構成**

　さて、経理部はいかにコミュニケーション能力が必要な部署であるかをご理解
いただけましたでしょうか？では、どのような場面でそのコミュニケーション能
力が必要とされ、具体的にどのようにすれば円滑にコミュニケーションがとれ、
仕事が進みやすくなるのでしょうか？

　第2章以降では、筆者が監査法人や事業会社経理での10年以上の経験に基づいて、会社でコミュニケーション能力が必要とされる重要なシーン別にその立ち回りのコツをお伝えします。そしてそれが読者の皆さんのスムーズな仕事の進め方に活きることを願っております。

【図1-2-4】本書の構成

第1章 概要

コミュニケーションが大切であることを理解する

第2章 社内コミュニケーション編

社内コミュニケーションでは、会議、根回しなどコミュニケーションの手法がたくさんある
・会議には5つのタイプがあり、タイプ別の会議の立ち回り方を解説
・根回しの必要性ややり方について解説

第3章 アウトプット編

コミュニケーションを取る上で、自分の考えを相手に正確に伝えるためにはコツがある
・プレゼンのコツを身につけることでわかりやすい説明をする
・プレゼン資料や報告資料など説明要らずでわかりやすい資料を作成する

第4章 社外コミュニケーション編

社内だけではなく、社外の関係者ともコミュニケーションをとる必要がある
・子会社との関わり方
・監査役との関わり方
・会計事務所やコンサル会社との関わり方

第5章 連携・環境整備編

経理パーソンとして生き抜くために必要なこと
・他部署と連携する
・仕事をする上での環境を整備する
・"経理力"を高める
・経理の顧客は誰かを再認識する

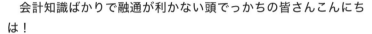

column 会社の立ち回り方の大切さ

あるべき論だけでは業務は遂行できない

　会計知識ばかりで融通が利かない頭でっかちの皆さんこんにちは！

　すみません、筆者のことです……。筆者は監査法人に6年ほど在籍し、その後事業会社に転職しましたが、その際に監査法人と事業会社のカルチャーの違いに苦しみました。監査法人では基本的に公認会計士が多く在籍し、前置きなしに高度な専門知識を使って会話するだけでよかったりしますし、属性や考え方などが似ている者同士が多いのですが、事業会社はそうとは限りません。事業会社は公認会計士だけではなく、様々なバックグラウンドの人たちが多く在籍し、様々な部署に分かれています。そのため、様々な人や部署の思いがうごめいており、独りよがりな仕事の仕方やあるべき論だけを振りかざす仕事の仕方をしていると必ず挫折します（なお、監査法人でも調整業務はある程度必要です）。

　前作『経理になった君たちへ』でも紹介しましたが、経理部ではコミュニケーション能力が必須スキルとなります。例えば事業部が間違った会計処理を考えていたらそれを経理部が是正しなければならないし、あるいは無駄な経理のワークフローがあったとしたらそれを削除するようにしなければなりません。筆者も最初は良かれと思って「勘定科目が間違ってるので直してください」「無駄なタスクなのでワークフローから削除してください」のようなあるべき論だけを振りかざす公認会計士でした。その結果ありとあらゆる会議で炎上してしまい燃え尽きて灰となった自身の経験から、それだけでは会社ではうまくいかないことを悟りました。

　会社はみんなで運営しているものであるためみんなの納得感を得ながら業務を遂行しなければならず、試行錯誤を重ね立ち回り方を身につけました。あるべき論をいうことは悪いことではなく、あるべき姿にもっていくことが良いのですが、もっていき方を間違うと私のように燃えカスとなってしまいます。私はその後試行錯誤によりなんとか周りの信頼をとり戻し、メンバーの一員として復活できましたが、そうでなければ会社での評価は下がり、最悪の場合退職

せざるを得ない立場にまで追い詰められてしまう可能性だってありました。私自身、実際に退職していった同僚たちを何人もみてきました。そのような思いをしないためにも、本書では読者の皆さんがスムーズに仕事を進める上でヒントになるような気づきを与えられたらと思っています。

第2章

［社内コミュニケーション編］
社内でうまく立ち回る

chapter 02

第1章で、経理部ではいかにコミュニケーションが大切かについてご理解いただけたかと思いますので、本章では社内でのコミュニケーションにフォーカスを当てて解説します。特に社内のコミュニケーションでは、会議や根回しが重要になってきますので、会議を大きく5タイプに分けてそのタイプ別の特徴について解説します。会議の位置付けと向き合い方や根回しの必要性など、社内でコミュニケーションが必要となる場面の実践的な対処方法について解説します。

① ② ③ ④ ⑤

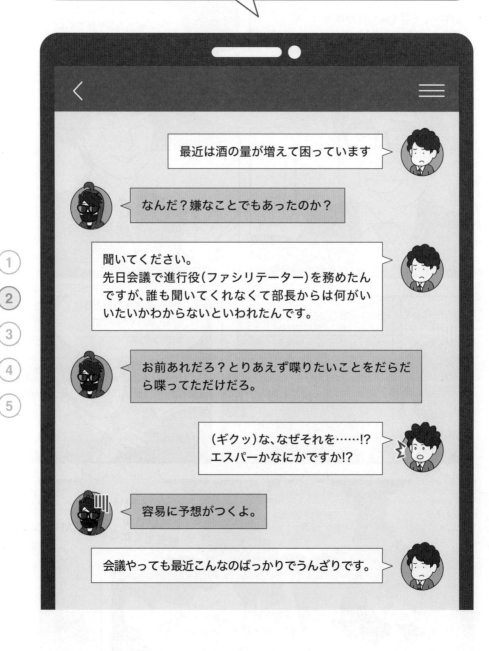

最近は酒の量が増えて困っています

なんだ？嫌なことでもあったのか？

聞いてください。
先日会議で進行役（ファシリテーター）を務めたんですが、誰も聞いてくれなくて部長からは何がいいたいかわからないといわれたんです。

お前あれだろ？とりあえず喋りたいことをだらだら喋ってただけだろ。

（ギクッ）な、なぜそれを……!?
エスパーかなにかですか!?

容易に予想がつくよ。

会議やっても最近こんなのばっかりでうんざりです。

第1章でも話した通り、経理の仕事といえば会議、会議といえば経理というくらい会議が多いんだ。一日中会議してるときもある。会議を制する者が経理を制するといっても過言ではない。

な、なるほど……！

つまり、会社では、「会議」という場で関係者たちとコミュニケーションをとり、間違った方向に進まないように、みんなの認識をすり合わせながら仕事を進めていくことが必要なんだ。

円滑に会議を進めることで、仕事もスムーズに進むってことですね。

そうだ。会議でつまづいていると何も先に進まなくなるからな。でも、お前みたいに会議で炎上して燃えカスになってしまう奴はたくさんいる。

ぐ……！

まず最初に「この会議はなんの会議なのか？」を明確にして、会議に参加してくれた人には「どんなスタンスで臨めばいいのか？」を明確にすることが大切なんだ。

確かに……！
参加者も何の会議なのかわかってないと聞く気に
もなれないし発言もしにくいですよね…！

会議には様々なタイプがあるが、大きく分けると
「報告/承認」「依頼」「相談」「発散」「提案」の 5 タイ
プに分かれるといって良い。それだけでも最初に
明確にすると参加者もやりやすい。

5 タイプ……!?
どういうことか詳しく教えてください！

まぁ、落ち着け。この 5 タイプを学ぶ前に共通して
やらなきゃいけないことや学んでおく必要がある
ことがあるからまずはそこから教えてやる！

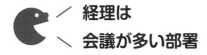

経理は
会議が多い部署

　第1章第1節の繁忙期以外の経理の一日のスケジュール例でもみた通り、経理部は会議が非常に多いです。なぜなら、経理は社内外の関係者が非常に多いからです。前作『経理になった君たちへ』でも述べた通り、経理部は「会社のお金を管理する部署」であり、「会社の財務数値を届ける」存在です。経理の仕事は一人で完結するものが少なく、関係者と認識を合わせながら進めます。例えば、経理の仕事で業務別に関係者を示すと以下の図のようになります。

【図2-1-1】経理の業務と関係者とのコミュニケーション		
経理の業務	**関係者の例**	**コミュニケーション例**
経費精算	経費を立て替えた従業員、役員	経理部：この経費は何のために使ったんですか？　従業員：私利私欲です
仕訳投入	事業部、IR部、管理会計部、役員	経理部：この取引を会計処理（仕訳）すると利益が100億下がります　事業部：困ります
決算書作成	IR部、役員	経理部：株主や投資家にこんな感じの決算書を送付します　役員：やり直し！

　上記図は、ほんのごく一部であり、他にも子会社や取引先ともコミュニケーションをとる必要があったりもします。ちょっとしたことであれば、会議の場でなくても良いのですが、説明に時間を要する場合など多くの場合は会議の場でコミュニケーションがとられます。

　会議という形式をとらず、雑な説明で軽く立ち話で伝えたり、メールで簡単に済ませたりして物事を進めると、何か問題が起こったときに関係者から「そんなこと聞いてなかったぞ！」とか「納得してないのになんで進めたんですか!?」などとトラブルが生じてしまいます。

　また、経理部内でも会議などでメンバーや上司と意見をすり合わせてから、他部署や役員とコミュニケーションをすべきですが、経理部内ですり合わせずに、勝手に自分で判断して他部署と会議して、経理部の仕事をもち帰ってきてしまうと経理部内のメンバーや上司とトラブルになります。

　このように経理部は会議によって関係者とコミュニケーションを図り、関係者と認識をすり合わせながら仕事を進めていきます。よって、業務を進める上で会議をうまく乗り切ることが非常に重要になってきますので、以下ではそのための方法を解説していきます。

会議のタイプを明確にする

①
②
③
④
⑤

　「この会議って何の目的でやってるんだろう？」

　このようなことを皆さんも思ったことありませんか？私もこのような会議に何百回も出席しましたし、自分でしてしまったことは何回もあります。そして、このような会議はこの世の中でたくさん行われているのだと思います。なんともったいないことか！なぜなら、例えば、時給１万円の人たちを10人集めて、２時間の会議をして何も決まらず実のない会議をしてしまったとしたらそれだけで20万円分は無駄にしてしまったということになるからです。それを何回も続ければ数百万円にもなるでしょう。

　では、なぜ参加者は「この会議って何の目的でやっているんだろう？」と思ってしまうのでしょうか？それは会議の「最初に」会議の目的を明らかにしていないからです。会議の目的は会社によって、また、人によって何パターンもあると思いますが、経理部において会議のタイプを大きく分類すると①「報告／承認」②「依頼」③「相談」④「発散」⑤「提案」の５つに分かれます。

　具体的には、①何かの進捗状況について「報告」を受けているのか、②自分たちに対して何かの「依頼」をされているのか、③それとも何らかの「相談」を受けているのか、④アイデア出しのために自分たちが思うことや意見を「発散」すれば良いのか、⑤何か「提案」を受けているのか、ということです。

　それぞれの会議のタイプごとに会議の進め方も違うし、参加者の参加姿勢も

違ってきます。この会議のタイプを明確にせずにいきなり会議が始まるパターンが多く、そうなると会議の出席者は混乱して、本来の会議の目的を達成することができません。

　よって、会議の最初からどのタイプの会議なのかを会議の出席者全員と共有する必要があります。詳しいタイプ別の会議のポイントは本章第2節で解説します。

【図2-1-1】会議は5タイプ

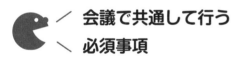

会議で共通して行う必須事項

　5つのうちどのタイプの会議を行うにしても共通して必ずやらなければならないことは以下の通りです。

＜会議で共通して行う必須事項＞
①ファシリテーターの設置　②適切な会議時間の設定　③アイスブレイク
④会議のゴールの提示　　　⑤会議のアジェンダの提示
⑥議事録係の設置　　　　　⑦会議資料の準備（第3章で解説）
⑧必要に応じて根回し（本章第3節で解説）

それぞれみていきましょう。

①ファシリテーターの設置

　まず、会議には会議の進行に責任をもつ進行役（ファシリテーター）が必ず必要になります。会議の時間は決められていますから参加者みんながダラダラ喋っ

ているとすぐに時間がなくなりますので時間通りに終わるように議事を進める役目を負う人が必要です。これは大抵の場合、会議をやろうといい出した人が行う場合が多いです。

②適切な会議時間の設定

　会議時間は30分または1時間で設定することが多いでしょう。プロジェクトの進捗報告会議などの大人数が参加するような会議だと2時間、アイデア出しのためにみんなで語り合おうみたいな会議だと3時間以上などもありえますが、あまりに長すぎると参加者も疲れてくるので長時間の会議の場合は1時間おきに数分休憩時間を設けるようにしましょう。

③アイスブレイク

　会議を始める前に仕事とはあまり関係のない雑談を数分することによって参加者の緊張を和らげる時間のことをいいます。これは会議における必須事項ではなく、人により、あるいはその場の雰囲気やタイミングなどでやらない場合もありますが、やれるならやっておいたほうが良いと思います。会議だとどうしてもかしこまってしまったり若干の緊張はあると思うので、活発な議論をするために会議の始まる前や冒頭に雑談することによって参加者の緊張をやわらげておくと発言がしやすくなります。

　例えば、会議の冒頭に初対面の相手同士だと自己紹介タイムを設けたり、最近あった出来事や今の気持ちなどを話すような感じです。このように会議冒頭にアイスブレイクの時間を設けるファシリテート手法を「チェックイン」と呼んだりもします。議論する前に一人一言発言し、相手がどのような人なのか知っておくことができるという効果もあるのでこのような時間は有用です。ただし、異様に長く雑談する人もいますので、長くても一人2〜3分程度に留めるように注意しましょう。あまりに長いと参加者からヒンシュクを買い、議論前に悪い印象をあたえてしまって不利になる可能性もあります。

④会議のゴールの提示

　これが会議の中で一番大事といっても過言ではありませんし、ここを明確にしていない会議が非常に多いと思われます。つまり、この会議は何のために開かれて何が話し合われて、何が決まればこの会議の目的が達成されるのかを会議の最初に参加者と共有する必要があります。ここを共有せずにいきなり議事が始まることがよくあり、ここが明確になってないまま会議が進むと参加者はどのようなスタンスでいれば良いかわからなくなり必ず混乱してしまうからです。よって、ファシリテーターの方は会議の冒頭で会議のゴールを必ず宣言するようにしましょう。このゴールを何にするかで次節で紹介する会議のタイプが決まります。

⑤会議のアジェンダの提示

　会議のゴールを宣言したあとは、どのような流れで会議が進んでいくのかを明示するためにアジェンダ（議事）も参加者と共有する必要があります。これを明示しないと参加者はあとどのくらいアジェンダが残っているのかわからず、今のアジェンダにどのくらい時間を使っていいのかわからないので発言がしにくかったり、逆にずっとそのアジェンダについて喋ってしまったりといったこともあります。それを防止するためにも、ある程度参加者にも時間配分を共有すると参加者もどのくらい発言して良いかわかってもらえます（たまに無視して喋り続ける人もいますが……）。

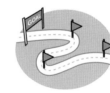

⑥議事録係の設置

　会議が終わったあとによくあるのが「あれ？あの会議で何話したっけ？」となることです。せっかく時間を使って会議したのに何も思い出せないのでは意味がありません。そのために会議中に話したことや決まったことなどをまとめる係である議事録係を設定する必要があります。

　議事録の書き方については、議事録の書き方という本が一冊あるほど奥深い領域ですが、最低限 **(1) 会議名、(2) 開催日時、(3) 参加者、(4) 決定事項、(5) 議論の要点、(6) 誰がいつまでに何をするかのネクストアクション**、が書けていれば議事録の役割は果たせていると思われます。

　この議事録係は、教育の観点から新人が任されることが多く、最初は参加者が何をいっているのかわからず難しいかもしれませんが、上記を最低限書くことが意識できていれば良い議事録を作成できるでしょう。**会議で最も重要なのは (4) 決定事項と (6) ネクストアクション**で、これがなければ会議をした意味がないといっても良いくらいです。

　しかし、実際には (4) 決定事項と (6) ネクストアクションのない会議が世の中には非常に多く、新人の議事録係がこの２つを書けずに議事録が完成しなかったとしても、これは議事録係の責任ではなく、会議でメインで発言している上席者の責任なので新人が悩む必要はありません。筆者も新人時代に議事録係を何回も担当してこの２つがなかなか書けずに悩んだものですが、後で振り返ってみたらそもそも何も決まってなかったなんてことが多かったです。もし読者の皆さんも議事録係を担当することになり、この２つについて議事録が書けなかった場合は「すみません、今の会議で何が決まったんですか？」と会議の最後にチクリといってみてもいいかもしれません（自己責任でお願いします！）。

①
②
③
④
⑤

【図2-1-2】議事録の例

第5回　決算早期化プロジェクト進捗報告会議

開催日時
2023/4/1 14:00〜15:00

参加者
黒井HD側：経理部長、灰井輝、会計太郎
コンサル側：Aさん、Bさん

アジェンダ
1.プロジェクト進捗状況の報告
2.発生した課題
3.既存課題の解消状況
4.今後の予定

決定事項
①Aタスクを削除する
②子会社の緑井物産に説明会を実施する

議論の要点
・プロジェクトの進捗状況は良好
・Aタスクは決算に影響しないことが判明　→削除することで1営業日短縮可能
・緑井物産の決算は毎回遅れているため、協力を要請する必要あり

To Do
・Aタスク削除後の業務フローを整理する：会計太郎
・緑井物産へ説明会を実施：灰井輝

【重要】
会議よりも大事なこと

　会社において意思決定をする場面は多いため、会議は重要な仕事です。ですが、会議より大事な、忘れてはならないことがあります。**それは会議の後に全員が「手を動かす」ことです。** おそらくですが、**会議を開催したり参加しただけで仕事をした気になっている人が非常に多いと思われます。** 参考書を買っただけで勉強した気になる現象と同じですね。会議だけ実施しても物事は前に進みません。

　大事なのは会議の後にそれぞれが作業して仕訳を切ったり、システムの設定をしたり、分析資料を作成したりするなどの成果物を残すことです。ゴールは何なのかを見失ってはいけません。会社内での存在感をアピールするために「とりあえずミーティングしましょう！」と関係者を集めて、ノーアイデアで何の準備もせずにただ話すだけの人がいますよね。何の準備もせずに会議で意見をまとめて意思決定できる人間であれば良いのですが、そうでなければ典型的な会議で仕事した気になっている時間泥棒といわざるを得ません……。みんなの大切な時間を奪っていることを自覚したほうが良いでしょう。会議をしなければならないと会議が目的になっている人が非常に多くいますが、会議は手段であって目的ではなく、物事を前に進めるための通過点にすぎませんので、必要最低限に留めましょう。

　筆者の経験で一時期、平日の時間帯は会議だけで埋まって自分の作業は夜や休日に実施するという生活が何年かありましたが、働いてはいるけれど物事が前に進まず疲弊してさらに進捗が悪くなる……という状況がありました。思い切って小規模なプロジェクトの進捗会議を廃止してメールだけにしたり、不要な会議をなくして時間を作ったところ驚くほどプロジェクトが進んだことがあります。次の節からタイプ別の会議の説明を始めますが、会議は物事を進めるための通過点に過ぎず、そこで足を止めずにスムーズに通過するための方法をこれから学習するんだという気持ちでお読みいただければと思います。

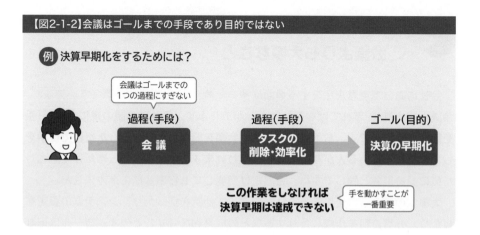

【図2-1-2】会議はゴールまでの手段であり目的ではない

例 決算早期化をするためには？

会議はゴールまでの
1つの過程にすぎない

過程（手段）　　　　　　過程（手段）　　　　　ゴール（目的）

会 議　　　　　タスクの
削除・効率化　　　決算の早期化

この作業をしなければ　　手を動かすことが
決算早期は達成できない　一番重要

第2節 ［会議］タイプ別会議のポイント

会議に向けて気をつけなければならないことってたくさんあったんですね。アイスブレイクばっかり話してました。

そういうのは休憩室でやってくれ。
何の準備も考えることもいらないから。

失礼な！
ちゃんと雑談する前にネタを考えたりして……

その情熱を少しでも仕事に向けような。

そういえば会議には5タイプあるという話でしたが、会議は会議だから同じようにやればいいんじゃないんですか？

あまい！これが違うんだよ。
例えば、お前が会議の参加者で会議のファシリテーターから相談したいといわれたら何か力になれることはないかなと会議を聞きながら頭を働かせるだろ？

た、たしかに！
この人は何かに困っていてアドバイスが欲しいんだと思うからその頭で会議に参加しますね！

違う例えで、この会議は太郎に依頼したいことがあるんです、と最初にいわれたら依頼内容が可能かどうかの頭を働かせるだろう？こんなふうに会議の参加者の姿勢を決めてあげる必要があるんだ。

めちゃくちゃ重要ですね。確かにこれは相談されてるのか？それとも何か依頼されてるのか？とわからずに会議で聞いていたら混乱するし頭に入ってきませんね。

そうだ。会議のタイプがわかると参加者もやりやすいんだ。そして会議の主催者は5タイプによって話さなければならない事項も変わってくる。

確かに会議のタイプが違ったら話す内容まったく変わってきそう……難しそうだ……。

タイプ別に最低限これは話さなければならないということはある程度決まっているからそこを押さえるようにしろ！

議事録係やりますね！

①「報告 / 承認」タイプの会議 の場合

「報告 / 承認」タイプの会議にはどのようなものがあるかといえば、例えば、プロジェクトの進捗報告会議や、決算数値が確定しその結果を報告する会議などが挙げられます。仮に決算早期化のプロジェクトがあったとすれば、そのプロジェクトが何％くらい進んでいるのかといった進捗状況を上司やプロジェクトメンバーなどの関係者全員に報告し、プロジェクトが間違った方向に進んでいないか、このまま進めて問題ないかの承認をとりに行くような会議です。

このタイプの会議では、①プロジェクトの進捗状況などの**事実の共有**、②プロジェクトで発生した**問題や課題の共有**、③プロジェクトの**今後の方針と ToDo の共有**、が主な報告事項です。会議の進行役が①〜③を出席者に報告し、そのうえで参加者にもし意見があればくださいという形で進んでいきます。このタイプの会議は参加者が 10 人以上の大規模なものが多く、①〜③を報告した上でこのまま進んで良いかの承認権限をもつ出席者、つまり上司や役員が出席することが多いです。そのためこのタイプの会議は少し緊張感が高い事が多いように思います。事前にしっかりと資料や話す準備をしておくと良いでしょう（資料や話し方は第 3 章を参照）。

①
②
③
④
⑤

【図2-2-1】報告/承認タイプの会議の概要

報告/承認タイプの会議の概要	具体例	・プロジェクトの進捗報告会議 ・役員への決算報告会議
	話すこと	① 進捗状況や決算内容などの事実の共有 ② 問題や課題の共有 ③ 今後の方針とToDoの共有
	参加人数	10人以上の大規模な会議が多い

②「依頼」タイプの会議 の場合

「依頼」タイプの会議とは、例えば、会社の従業員数のデータ提供を人事部の担当者に依頼したり、子会社に毎四半期ごとに送付してもらっている財務データをもう少し早く提出してほしいと依頼したりするような会議です。

このタイプの会議では、①**何を依頼**するのか、②依頼することになった**背景**、③依頼したものを何に使うのかあるいは何を狙って依頼しているのかという**依頼の目的**、④なぜ今この**タイミング**で依頼するのか、⑤依頼の納期などの**スケジュール**を主に話します。

参加者は5人程度の中規模であることが多く、**数ある会議の中でも一番丁寧にコミュニケーションを行うべきもの**となります。依頼するということは相手にいくらかの負担をかけることになるので、コミュニケーションのとり方を間違えると依頼が失敗したり、相手との関係がこじれたりするなどの問題が発生するおそれもあります。そのためこのタイプの会議では会議中というよりは事前の調査や根回しなどの会議外での活動や準備が重要になってきます。

このタイプの会議は参加者が多くなれば多くなるほど依頼の難易度が上がってきますので、参加人数を絞る必要があります。冒頭でも申し上げたように、いろいろな思いをもっている人がたくさん集まるとたくさんの懸念点や要望などを受けることになるので収拾がつかなくなり依頼が失敗することが多いからです。

よって、このタイプの会議をする場合、参加者は多くても5人程度にしぼりましょう。そしていきなりぶっつけ本番で臨むのではなく、事前に参加者に根回しや認識合わせなどをすることによって依頼先の状況などを事前調査し、このくらいの依頼なら大丈夫そうかな？という妥協点をあらかじめ探っておきましょう。ぶっつけで本番の会議で依頼して、依頼側が「こいつ俺らのことを何もわかってねぇな！」と思われて、会議が炎上しないようにケアすることが一番重要です（根回しや認識合わせについては本章第2節参照）。

依頼は5つのタイプの中でも最も慎重にするべき会議ですので、別途第4章で依頼についてもう少し深堀りして炎上しない具体的な依頼方法について言及します。

①
②
③
④
⑤

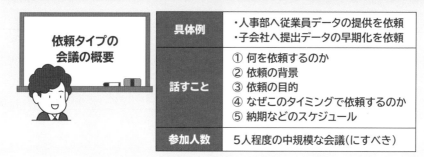

【図2-2-2】依頼タイプの会議の概要

依頼タイプの会議の概要		
	具体例	・人事部へ従業員データの提供を依頼 ・子会社へ提出データの早期化を依頼
	話すこと	① 何を依頼するのか ② 依頼の背景 ③ 依頼の目的 ④ なぜこのタイミングで依頼するのか ⑤ 納期などのスケジュール
	参加人数	5人程度の中規模な会議(にすべき)

③「相談」タイプの会議 の場合

　「相談」タイプの会議にはどのようなものがあるかといえば、例えば、会計処理で不明な点があるため知ってそうな関係者に相談に乗ってもらうような会議です。

　このタイプの会議は、ある程度関係のある人と相談することが多くそこまで堅苦しくなる必要はないかもしれませんが、もし関係性のない相手とこのタイプの会議をする場合は、①**相談の背景**（自分が今やっているプロジェクトのことなど）、②その過程で今自分が**何に困っているのか**（会計基準に書いていないなど）、③**相手に求めていること**（過去に同じような経験があるか？知見があるか？など）、最低限この３つを明らかにしながらすると良いでしょう。会議の参加人数は、あまり多すぎると活発な意見が出ない可能性もあるので、知見をもっていたり経験がありそうな人を絞って参加者を募り、２～３人程度で小規模に行われる事が多いでしょう。よくあるのが「このファイルの作成方法知ってます？」のように③のみ説明する方もいますが、それだとどのような答えが欲しいか相談を受ける側はわからないことが多く、「いや、ないです」で終わってしまう場合があります。よって、①の背景や②の困っているポイントなどを説明してあげると違う視点からアドバイスをもらえたりすることがあるので、省略せずに①～③は最低限説明するようにしましょう。

【図2-2-3】相談タイプの会議の概要

具体例	会計処理に不明なポイントがある	
話すこと	① 相談の背景 ② 困っているポイント ③ 相手に求めること	
参加人数	2〜3人程度の小規模な会議(にすべき)	

④「発散」タイプの会議 の場合

「発散」タイプの会議にはどのようなものがあるかといえば、例えば、「現状、経理部にある課題ってどんなものがあるのだろう」とメンバーと案を出し合うような会議です。

このタイプの会議は、あえてアジェンダを設けずに参加者が自由に発言する場所になります。参加人数は数人の小規模なものから10人程度の大規模なものまで様々ある可能性があります。新しいアイデア出しなどでこのタイプの会議が行われますが、このタイプの会議は参加者が思い思いのことをバラバラに話す傾向にあるため、それをとりまとめるファシリテーターの難易度が非常に高く、またせっかくいいアイデアが出たとしても会議が終わると何を話していたっけ?となりがちなので必ず議事録係を置きましょう。ちなみにこの議事録係は新人がやらされたりしますが、会話もフワフワしがちなので何をいっているのか不明瞭な場合が多く、「発散」タイプの会議は新人の議事録難易度としても高難易度でしょう。

【図2-2-4】発散タイプの会議の概要

具体例	経理部の課題と改善策についての アイデア出しの会議	
話すこと	アジェンダは特になし (参加者が思うままに話す)	
参加人数	小規模〜大規模まで様々	

⑤「提案」タイプの会議の場合

「提案」タイプの会議にはどのようなものがあるかといえば、例えば、「既存の会計システムから新しい会計システムに変更しませんか？」と提案して実行にもっていくためのような会議です。

このタイプの会議の参加者は、2 ～ 3 人の小規模な会議から 10 人以上の大規模な会議も想定され、実行しても良いかの承認権限を有する上司や役員が出席することが多いので少し緊張感のある会議になることが多いでしょう。営業の部署の人はコンペなど、このようなタイプの会議は慣れているのですが、経理部は新しい施策を打つことが少なく、このタイプの会議は不慣れな人が多いので、しっかりと提案の基本を学んでおきましょう。提案の方法を誤るとせっかくのいいアイデアだったとしても理解されずに却下されてしまいます。

このタイプの会議は①**現在の状況**、②**課題**、③**原因**、④**解決策の提案**、⑤**他の解決策とのメリット・デメリット比較**、⑥**スケジュール感**、⑦**予算**の順番で提案することが基本です。よく④の提案事項だけ会議にもっていって撃沈する人がいますが、それはその提案事項がなぜ必要なのか相手の理解を得られてないからです。相手の理解を得るために④以外の項目を順序立てて説明すると相手の理解を得やすくなります。

①
②
③
④
⑤

【図2-2-5】提案タイプの会議の概要

	具体例	既存の会計システムから 新しい会計システムへの変更提案
提案タイプの 会議の概要	話すこと	① 現在の状況 ② 課題 ③ 原因 ④ 解決策の提案 ⑤ 他の解決策とのメリット・デメリット比較 ⑥ スケジュール感 ⑦ 予算
	参加人数	小規模～大規模まで様々

なるほどー、会議にはいろんなタイプがあったんですね。
全然知らずに話したいことだけ話してました。

そうだろう。話がみえてこない会議に参加するほど参加者にとってつらいものはないからな。

最初に自分が決算早期化しましょうと会議でいったのは「提案」タイプの会議だったんですね。それさえ知ってれば今頃僕がリーダーになっていたはずなのに……！

まぁ、それはどうかはわからんが、、、
会議をタイプ分けして使い分けできるってだけでもかなり強い。

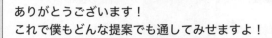

ありがとうございます！
これで僕もどんな提案でも通してみせますよ！

まぁ、タイプだけ知っててもうまくいかないけどな。

えぇ、、、どうすればいいんですか？

まず、どんな会議をするにしても大切なことがある。それは「準備」だ。

あぁ、会議資料とか準備するってことですかね？

まぁ、それもあるがそれは後で説明してやる。それよりも手前の準備として「根回し」だ。

根回し……!?くろいさんもなんか古臭い人間になっちゃったんですね。ダセェっすよ。

クソバカ大間抜け野郎！最近だと根回しは無駄な時間で、効率的でないとかいわれるけど、逆にこれをやらないと会議で問題が起きたり、やり直しになったりで非効率だ。なぜ大切なのかこれから説明してやるから耳の穴かっぽじってよく聞いてろ！

めちゃくちゃ口が悪い！教えて下さいー＞＜

① ② ③ ④ ⑤

会議を円滑に進めるために
必要な「根回し」

「根回しなんて古臭いぜ！」なんて思っている皆さんこんにちは！最近だと「会議前の根回しなんて無駄で非効率だ！」とネット記事やSNSでいわれていたりもしますが、筆者からすれば根回しなしでよく会議を円滑に進めることができるな、と思ってしまいます。

　会議という公式な場所で合意をとるのではなく、事前の非公式な場所で合意をとることが卑怯だとか無駄だという批判を受けるポイントかと思いますが、本番会議一発勝負で片付くほど会社は簡単なものではありません。

　特に「提案」タイプの会議で大人数が参加している会議では、自分の提案を通そうと思ったらこの根回しは必須となります。冒頭にも申し上げた通り会社は様々なバックボーンをもつ十人十色の戦士たちが集まっている場所です。そして自分の意見は必ずしも万人受けする完璧なものではなく、十人十色のうちの一人であり、必ず違う視点の考え方をもつ人が会社にはいます。また、**人間は感情をもった生き物なので、どんなに会社にとって良い話であったとしても自分にメリットのない話には興味がなく、急な話や急な変化には拒否反応を示します。**特に変化の大きい提案であれば必ず誰かにデメリットがある話なので反発にあいます。そうなると会議は長引き、何回も会議をするはめになったり、最終的に自分の意見が却下されることになり、逆に非効率です。

　例えば、「古い会計システムから最新の会計システムに変更しましょう」と経理メンバー全員がいる会議でいきなり提案したとしましょう。会社にとっては最新の会計システムであれば様々なことが自動化され、業務効率化により人件費を削減できるメリットがあり良いことかもしれませんが、経理メンバーからすれば慣れている会計システムをわざわざ替えて、使い慣れてないものを使用するのは嫌だし逆に非効率にも思えるし、ひょっとしたら自分の仕事が機械に奪われてクビになるかもしれない……と思う人もいるかもしれません。そして上司は、自分の知らないところで勝手に話が進められるのは自分のメンツがたたずに嫌だという人もいるかもしれません。こうなると必ずその提案は会議で徹底的に叩かれて頓挫するでしょう。

　そうならないために会議前に「根回し」が必要になります。

【図2-3-1】「根回し」の必要性

どんなに正しいことでも様々な思いと急な変化への拒否反応によって敗北する

「根回し」のコツは「サプライズをなくすこと」

　「根回し」というと悪い響きに聞こえて拒否反応を示す人が多いかもしれませんが、「根回し」は要するに**「会議でのサプライズを事前になくすこと」**と言い換えることができます。前述のように人間は感情をもつ生き物なので、サプライズのような急な話になると、すぐに情報を受け止めることができず、その情報を咀嚼（そしゃく）するのに時間がかかります。よって、いくら結果的に正しいことであったとしても、会議でサプライズな話があると、その場で情報を咀嚼することができないので、その場ではいったん拒絶するようになります。

　これは結婚の挨拶にも似ていますね。例えば、彼氏彼女が付き合っていてそろそろ結婚しようとなったときに、もし彼女が両親に彼氏と付き合っていることなどを隠していて、何の情報もなく突然彼氏が彼女の家に訪問し、「お父様、お母様、娘さんを僕に下さい」といっても、彼女の両親はすぐには承諾できないでしょう。どんなに優秀で社会的地位もあり優しい彼氏であったとしても、両親にとってはサプライズなのでその場では受け止めきれず、判断できないからです。よって、彼女などが両親に、「彼氏はXXX商事で働いている」「彼氏は電車でお年寄りに席を譲る優しい人」などと小出しに彼氏の情報をインプットし、実際に彼氏が彼女の両親と食事を一緒にするなどのプロセスを経て、本番の結婚の挨拶にて彼氏がスーツを来て彼女の両親に正式に結婚の申し入れをするのが一般的でしょう。これこそまさに結婚の「根回し」を行っているのです。

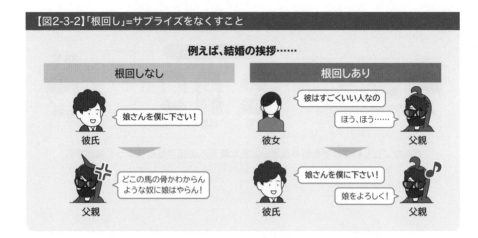

【図2-3-2】「根回し」=サプライズをなくすこと

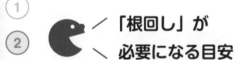

「根回し」が必要になる目安

　すべての会議において「根回し」が必要かというとそうではありません。規模の小さい話であれば相手に与えるサプライズが少ないので「根回し」なしで会議に臨んでも炎上することはないでしょう。では、規模の大小はどう判断すれば良いのだろうという話になりますと、企業の文化などによって解釈が異なるため一概にはいえませんが、一般的には以下の2つの事項を考慮しましょう。

①関係者の人数

　提案内容に影響する関係者の人数が多ければ多いほど、「根回し」の必要性は高まってきます。様々な関係者に影響しそうな内容を急に会議の場で提案されてもそれに関係する人たちの影響度をすぐに頭の中で算出できないので、拒否反応を示してしまうからです。例えば、経費精算システムを変えましょうという提案を急に会議の場ですると、その提案内容は会社の全従業員に影響することが予想され、各部署の従業員にどのような影響を与えるか判断がすぐにつかないため、とりあえずその場では決められないということになり却下されます。

　逆に、例えば「領収書の保管ファイルの背表紙にラベル貼っていいですか？」などのように明らかに自分たちだけにしか影響しなさそうな提案であれば、自分たちのことだけを考えれば良いのですぐに判断できるため「根回し」は必要ないということになります。

②予算

　少ない予算で済むような話であればすぐに提案は通るものと思われます。しかし、提案内容に必要な予算の額が高くなればなるほど、「根回し」の必要性は高まってきます。莫大な予算を使うような提案だと失敗した時のリスクや役員への提案が必要になるなど考慮すべき事項が増えるため、このような提案も急にすると決裁者はその影響度合いをすぐに算出できずに拒否反応を示してしまうからです。例えば、先ほどの経費精算システムを変えましょうという話だと入れ替えによるコストが大きく発生してきますので、急に提案されてもすぐには決断できないためその場では見送りになってしまいます。

　以上の２つの事項に大きなインパクトを与えるような話を急にされると情報をその場で消化することができないため、拒否反応がでて、否定する方向に向かっていきます。**この拒否反応の解決方法は「時間」です。**大きな話ほどいったんじっくり相手に考えさせて消化してもらう時間が必要になります。その手段として会議前の「根回し」によって、相手に考えさせるキッカケを与えることができ、この拒否反応をとり除くことが可能となります。

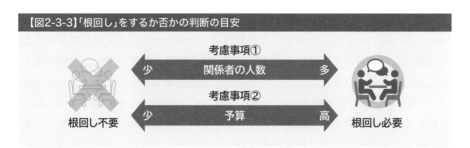

【図2-3-3】「根回し」をするか否かの判断の目安

考慮事項①
少　　関係者の人数　　多

考慮事項②
少　　予算　　高

根回し不要　　　　　根回し必要

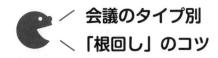

会議のタイプ別
「根回し」のコツ

前述のように特に「提案」タイプの会議だと、急に話をもってこられてもその場で受け止めきれないため、せっかくの良い提案だったとしても却下される可能性が高まりますので、根回しが必須になります。

しかし、根回しは「提案」タイプの会議だけでなく、状況によっては他のタイプの会議でも必要になる場面があるのでそれぞれのタイプごとにみていきましょう。

①「報告 / 承認」タイプの会議

このタイプの会議では、根回しはあまり必要になりませんが、もしプロジェクトや決算に大きな問題や課題が発生している場合は、問題が発生した時点で関係者に連絡しましょう。根回し以前の「報・連・相」の問題かもしれませんが、報告会議で大きな問題を初出ししてしまうと会議参加者たちにとってはサプライズで、会議が炎上する可能性が高くなりますので、そのような問題は事前に上席者などに一言入れておく必要があるでしょう。

②「依頼」タイプの会議

このタイプの会議では、根回しをしておいたほうが良いでしょう。根回しというよりこの場合は事前の調査という言い方のほうが良いかもしれません。例えば、営業部の人に「月次の契約解約率のレポートを毎月１営業日目にください」という依頼をした場合、営業部は月次で契約解約率レポートを作っていない場合もあるし、作っていたとしても作業に３営業日はかかるから毎月１営業日に提出するのは無理な場合があります。それを知らずにいきなり「下さい！」と依頼すると営業部の方にはサプライズになり、拒否する理由を考える方向に走ってしまいます。また、「こいつ営業部のことわかってないな」と営業部から烙印を押されて信頼を失ってしまう可能性もあります。よって、正式な依頼をする前に気軽に相談できる営業部の人に聞くなどして調査したうえで、ある程度先方の事情に寄り添った依頼をして相手のサプライズをなくすことを心がけましょう。

③「相談」タイプの会議＋④「発散」タイプの会議

このタイプの会議では、根回しはほとんど必要になることはないでしょう。むしろ根回しの場が「相談」タイプの会議になることが多かったりもします。「発散」タイプの会議は自由に発言する場所ですので根回しの必要はありませんが、「発散」タイプの会議は自由に発言しすぎて収拾がつかず実りのない会議になってしまう場合も多いため、事前にアイデアを考えてきてもらうようにアナウンスすると活発に意見がでたりもします。

また、「発散」タイプの会議は会議のゴールがみえにくいため、しばしば「この会議って何のためにやるの？やらなくていいんじゃない？」と反発する参加者もでてくる可能性があるので、もし自分がその会議の主催者である場合は個別に事前に必要性ややりたい旨を伝える程度のジャブを打っておくと良いかもしれません。

⑤「提案」タイプの会議

このタイプの会議では、前述の通り根回しは必須です。例えば、今の会計システムは古くてできないことが多いから新しい会計システムに変更したいと思って、根回しなしでいきなり大勢のいる会議で提案したとしたら、必ず猛反対にあうでしょう。なぜなら全員にとってのサプライズだからです。

本番の会議に臨む前に、まずは経理メンバーや上司に１対１や少人数のときに「今の会計システムって使いにくいよね？他の会計システムだとこんなことできるらしいよ」などと軽くジャブを打ち、会計システムの調査や提案の準備をすることに合意をとりましょう。そうすることで上司の命令で作業していることになり上司のメンツも保たれますし、経理メンバーにも私達の不満を解消してくれるために調査してくれているというように思われますので、堂々と提案準備できるでしょう。うまくいけば協力してくれる人も現れるかもしれません。この段階を経て提案の会議に臨めば、根回ししない場合に比べて提案が承諾される可能性が格段に上がるでしょう。

ちなみに最終決裁者が役員の場合で、自分で役員に提案することになった場合、平社員の立場ではなかなか気軽に役員に会えずに根回しができない場合があります。その場合は役員に近い存在の部長などに提案会議の前に「メンバーからこんな提案をする予定です。予算感はこれくらいの話です」と軽く頭出しなどを入れてもらうようにお願いすると良いでしょう。

①
②
③
④
⑤

【重要】仕事の５割は「作業」、４割は「根回し」、１割は「会議」

　世の中の無駄な会議のうち、大半はこの根回しが足りてないからではないかと思います。会議そのものは実は重要ではなく、会議はその前段階の準備や根回しで結果は決まっているといってもいいでしょう。一般的には 10 人を超えるような大勢が参加する緊張感のある会議で意思決定がなされて物事が進んでいるように思われるかもしれません。実際はそのような会議は形式的なものであり、**物事を実質的に進めるときは３〜４人程度の少人数が話し合って方向性を決めていることが多いです。**それ以上の人数だといろんなバイアスがかかりすぎて中途半端なものになったり、スピード感も落ちます。

　よって、プロジェクト等は少人数で話し合って方向性など実質的な物事を決定し、少人数で関係者へ根回しをして、会議というセレモニーを経て、正式に決定され、物事は進んでいきます。そしてくどいようですが、物事が決まったら「作業」すること、これが一番大事なことです。せっかく物事が決定しても何もしなかったらそこからは何も生まれません。決定したことにしたがって成果物（仕訳の根拠資料やシステムの定義書など）を作り込んでいくことになります。

　会議そのものを重視しすぎるがあまりに、その手前の根回しや作業がおろそかにならないように、**５割作業、４割根回し、１割会議のイメージで仕事の時間を使うようにしましょう。**

【図2-3-4】仕事の本質

作業 — 5割
根回し — 4割
会議 — 1割

仕事はこれの繰り返し

たまには
アジェンダなしで話そうぜ

よもやま会議という文化

　アジェンダでガッチガチに縛られて会議をしている皆さんこんにちは！アジェンダばっかりに縛られて会議していると堅苦しくて疲れるよね！

　……お前本編といってること違うじゃねぇかと思われるかもしれませんが、アジェンダ抜きで自由に話す会議も必要です。私の前職の特有の呼び方かもしれませんが、アジェンダなしで自由にいろんな方向から意見をとり入れるような会議や日々思っていることの相談をするような会議のことを「よもやま会議」と呼んでいました。1 on 1（ワンオンワン）のミーティングをもっとラフにしたような会議のイメージですが、私はこのよもやま会議を気楽にする相談の場所として利用していました。

　会議のタイプでいえば「発散」タイプの会議やアジェンダがないラフな「相談」タイプの会議を少人数（2〜3人）で行うようなイメージで、一般的にはブレストや壁打ちのような会議です。

　例えば、子会社への依頼をする会議があったとして、その会議に臨む前に同じメンバー同士でどのように依頼すれば良いだろうかなどをざっくばらんに壁打ちしたり、子会社に仲のいい人がいれば、依頼しても大丈夫そうか最初に当ててみるなどのように気軽に相談するような会議です。これをすることによって依頼する会議が炎上しないようにし、依頼の成功確率を上げることができます。

　前職では会議前にこのようなよもやま会議を頻繁に行う文化がありましたので、むしろ本番の会議よりも多く、一日のほとんどの時間よもやま会議をしたりもしていました。

よもやま会議を使いこなすことができたコツ

　筆者は前職に転職前はそのようなよもやま会議のような文化も知らず、あまり根回しの重要性も理解していなかったため、いきなり会議で提案して会議を炎上させたりもしました。経理メンバーが10人以上いるグループ会議で「このタスクっていらなくないですか？やめません？」みたいな感じです。まぁ思い出したくもないくらい炎上しました。そこから根回しの大切さやよもやま会議の文化を利用しながらなんとか慣れていきました。そしてその文化に慣れずに去っていく人もたくさん見送ってきました。

　筆者がこの文化に慣れることができたのは、会社内に部署を問わず様々な人と関係性を築けたことが大きいです。よもやま会議をするためにはある程度仲が良いなどの信頼関係を築いた人でなければ難しいので、会社内の様々な人の仕事のサポートや相談に乗ったりすることによって信頼関係を構築することに努めました。ときには適度に会食などにも参加しました。そうすることによって、気軽に相談できる相手ができてくるので、本番会議前によもやま会議をしたりして壁打ちや事前調査によって会議の精度を上げることができました。よって、このようなよもやま会議を私は根回しとして利用できたわけですが、根回しのコツは会社内の様々な人との関係構築が一番といえるでしょう。

　なお、よもやま会議はあまり準備が必要なく楽であるため、よもやま会議と名前をつけて会議招集すれば準備しなくても許されるような風潮になってしまうこともあり、よもやま会議と本番会議の区別がつかなくなることもあります。そうなれば根回しの意味がなくなるのでよもやま会議に甘えないように気をつけていただければと思います。

第3章

［アウトプット編］
相手に自分の思いを
的確に伝える

chapter 03

第2章で社内コミュニケーションについて解説しましたが、コミュニケーションをとる上で大切になるのは自分の意見をどのように正確かつ効率的に相手に伝えるかということです。特に会議をする際に丸腰で行く人はいないですよね？会議資料をどのように作成すれば相手に伝わりやすいのか？また、資料を使ってどのようにプレゼンすれば相手に伝わりやすいのか？そのようなコミュニケーションをとる上でのアウトプットの仕方について本章では解説いたします。

1
2
3
4
5

これまで散々コミュニケーションが大事だって話をしてきたが、その大前提としてロジカルに考えて、ロジカルに話すってことが重要なんだ。そうしないと相手は聞いてもくれなかったりするからな。

ロジカルシンキングって聞いたことはあるけど、なんかどういうことかいまいち掴みづらいんですよね。

ロジカルシンキングに関する書籍は腐るほどあるし、セミナーなんかも無料から有料のものまでたくさんあるからな。ただ、そういった前提知識を知った上で実践で活かせば、徐々に身についていくぞ。

私もロジカルシンキングのスキルをゲットして、フューチャーをエンジョイするために、結果にコミットしていきたいとシンキングします。

カタカナ使えばいいってもんじゃないんだよ……

① ② ③ ④ ⑤

ロジカルシンキングは
ビジネスパーソンとして必須スキル

　読者の皆さんは書籍やセミナーなどでロジカルシンキングに触れた経験はありますか？もしなければ、ぜひ習得を推奨します。本書の最後でロジカルシンキングや問題解決能力についてのおすすめの書籍を紹介していますので、ぜひご覧ください。本書では詳細な解説は紙面の都合上控えますが、経理部においてもロジカルシンキングは重要です。

　ロジカルシンキングとは、物事を体系立てて整理する思考法で、論理的思考法ともいいます。この考え方は、物事や自分の意見を正確にわかりやすく説明する際に必ず使う考え方であり、この考え方なしでわかりやすい資料を作成したり、伝わるようにアウトプットすることは不可能でしょう。

　本章では、ロジカルシンキングを習得していることを前提として話を進めますが、どのロジカルシンキングについて書かれている本でも記載されている概念（フレームワーク）として以下のようなものがあります。このあたりの考え方は最低限押さえておきましょう。

【図3-1-1】ロジカルシンキングの基本的な概念

ロジカルシンキングの基本的な概念	内容	イメージ
① MECE (Mutually Exclusive and Collectively Exhaustive、ミーシー)	モレなくダブりなく、情報や問題点の全体像を明確にすること	モレがある　モレがない ダブりがある ダブりがない この状態がMECE▲
②ピラミッドストラクチャー	まず、結論を設定し、その結論を強固にするための根拠を積み重ねる	結論 根拠1　根拠2　根拠3
③仮説思考	自分なりの仮説を設定し、逆算して問題点の解消方法を導き出すこと	立証データ収集 仮説　検証
④ゼロベース思考	既存のルールや枠組みなどにとらわれず、ゼロの状態から問題点の解消方法を検討すること	従来こうだから… 常識的に考えて… 普通は…

経理部における ロジカルシンキング

さて、ロジカルシンキングが大事だから学習しろと前述しましたが、このようなロジカルシンキングは机上で学習して習得できるようなものではなくて、実践で経験して習得するものです（もちろん学習したうえで、その知識を活かして実践するべきです）。

そして、このロジカルシンキングは、広告などのマーケティング業務を行う際によく用いられると思います。現に多くの書籍などで使用されるロジカルシンキングの例題などをみてもマーケティングの場面がよく用いられていますので、経理部には具体的な当てはめが少し難しかったりもします。筆者も本書を執筆する際に改めて復習してみて、そういえばこの考え方は経理部のこの場面で使っていたな、とあらためて気付いたくらいです。普段から意識しているわけではないですが、自然にこの考え方で仕事を行っているといえるかもしれません。

以下では、前述のロジカルシンキングの基本的な概念に経理部の仕事の一例を当てはめてみました。具体的にどのようなシーンで活用するかをイメージするのに役立ててください。

【図3-1-2】経理部におけるロジカルシンキング

ロジカルシンキングの基本的な概念	経理部における当てはめ例
① MECE (Mutually Exclusive and Collectively Exhaustive、ミーシー)	**タスク管理表の作成** ・タスクがモレなく記載されているか？ ・ダブっているタスクがないか？ ・不要なタスクがないか？
②ピラミッドストラクチャー	**役員報告説明資料や依頼資料の作成** ・最初に結論から説明 ・結論の根拠になっているか？ ・根拠は十分か？
③仮説思考	**業務改善における課題の特定** ・おそらく特定の従業員の業務スピードがボトルネックになっているから後続が進まないという仮説を立てる ・仮説立証のために特定の従業員の業務分担を変えてみる ・業務がスムーズになれば仮説が正しかったと立証できる
④ゼロベース思考	**煩雑で複雑な Excel ファイルの改修** ・現状の Excel ファイルを上書きするのではなく、いったん白紙の Excel ファイルからやりたいことを構築し直す。

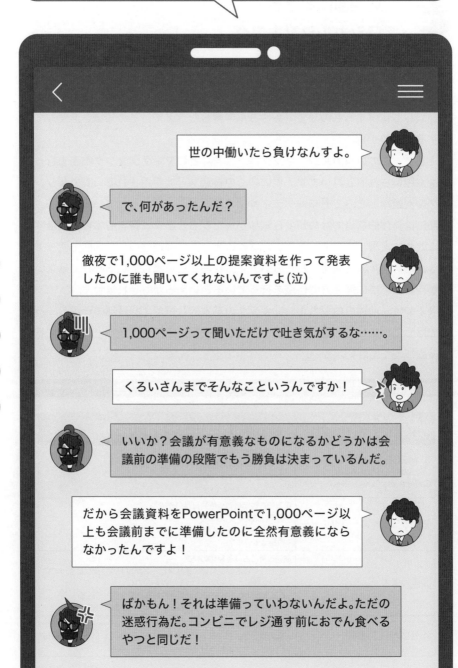

人を迷惑系YouTuberみたいに……。

お前は会議資料を作る前にすでに負けている。まず会議資料を作る前に、資料の形式を何にするか考えたり、話す内容を確認したり、話す順番を考えたりなどなど手を動かす前の作業はたくさんあるんだ。

そ、そんなに考えることあったんですね……！
会議の日程が決まった瞬間から自分が考えてることをPowerPointに書きまくってました……！

会議によってはPowerPointよりExcelやWordのほうが良い場合もあるんだ。そして資料ができたらちゃんとリハーサルやイメージトレーニングなどもする必要がある。

資料ができたら安心しちゃって、ぶっつけ本番で勢いに任せて思いつくままに話してました……。

やっぱりな！会議前の準備が全然できてないからだ！これから貴様のその腐った態度と弱点を徹底的に直してやる！

お、お手柔らかに！

会議の成功は
会議前の活動で9割決まる

　読者の皆さんは会議で何か発表などをしたことはありますか？まだだという人や、経験はあるけどなかなか意図を相手にうまく伝えられない……という人もいるかと思いますが、そんな方々に特に伝えたいことがあります。**会議の成功は会議前の活動で9割決まっている**ということです。この「会議前の活動」の意味には、前章でお話しした「根回し」の意味も含まれますが、そもそも「根回し」する場所も一応会議という形式をとります。本番の会議にしろ根回しの会議にしろ、ちゃんと相手に自分の意図を伝えられるかどうかで会議が成功するかどうかが決まってきますので、自分の意図を伝えるためにはその会議の前に入念な準備をしておく必要があります。その準備は大きく分けると2つあり、①**会議資料の準備**、②**話す準備**、です。

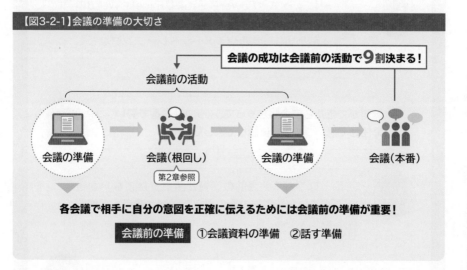

【図3-2-1】会議の準備の大切さ

会議の成功は会議前の活動で9割決まる！

会議前の活動

会議の準備　→　会議（根回し）〔第2章参照〕　→　会議の準備　→　会議（本番）

各会議で相手に自分の意図を正確に伝えるためには会議前の準備が重要！

会議前の準備　①会議資料の準備　②話す準備

①会議資料の準備：会議は口頭だけでなく資料に落とし込んで可視化する

　前述のように会議の準備は非常に重要なのですが、何も準備しないで口頭だけで会議に挑む人がたくさんいます。しかし、ハッキリいいますが何をいっているかさっぱりわかりません。無駄な時間に終わることがほとんどで、これが許されるのは相当頭脳明晰で話し上手な限られた人のみです。

　よくいわれることに人間の情報収集能力については「視覚83.0%〜87.0%、聴覚7.0%〜11.0%、嗅覚3.5%、触覚1.5%、味覚1.0%」[※1]であって、**約8割は視覚からの情報で聴覚からは約1割しかありません。**よって、相手に自分の意図を正確に伝えるためには、口頭で聴覚に訴えかけるのではなく、自分の思っていることを文章または図解でまとめるなどによって可視化して視覚に訴えかけるほうがよく、よりいっそう相手に伝わりやすくなります。だからこそ事前に会議資料を作っておけば会議の成功確率はあがるわけです。

【図3-2-2】人間の情報収集能力

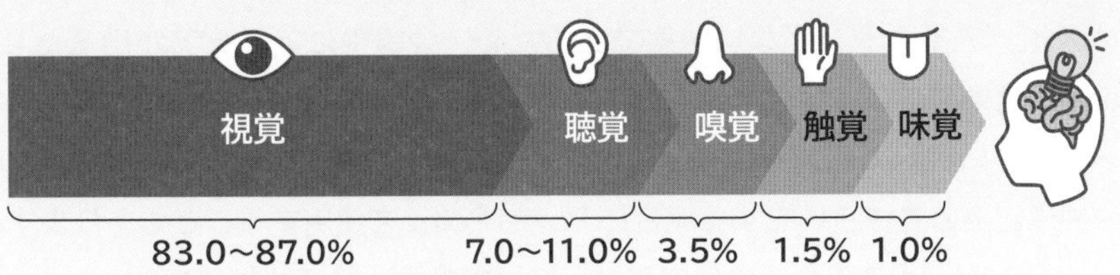

視覚　聴覚　嗅覚　触覚　味覚

83.0〜87.0%　7.0〜11.0%　3.5%　1.5%　1.0%

※1　参考文献：『産業教育機器システム便覧』(教育機器編集委員会編、日科技連出版社、1972年)
　　　『屋内照明のガイド』(照明学会編、電気書院、1978年)

①会議資料の準備：
会議資料の形式を決める

　会議資料＝ PowerPoint （パワポ）で作成、のように思われるかもしれません
が、必ずしもそうではありません。確かに PowerPoint は頭の中のイメージを
図に可視化したり情報をまとめる際には最も優れたツールであり、会議でよく使
われるものかと思います。

　しかし、難点としては作成に工数がかかることと作成の難易度が少し高いこ
とです。作成難易度の高い PowerPoint ですが、その作り方にはコツがありま
すので、その詳細は本章第 3 節で解説していきます。**会議の内容によっては
PowerPoint よりも Excel や Word の方が相手に伝わる場合もあります。**

　例えば、経理部で Excel の集計フォーマットの引き継ぎまたは改善を説明す
るような会議があったとしたら、わざわざ PowerPoint を作成して説明するよ
りもその Excel の集計フォーマットをみせながら説明する方が伝わりやすいで
すよね。

　あるいは例えば、アイデア出しがメインの「発散」タイプの会議では主催者
含めアイデアイメージがない状態であるため、会議中にアイデアが出るたびに
Word に箇条書きしていきメモを残す方が PowerPoint よりも効率的です。ホワ
イトボードに書くのも効率的かもしれませんね。もちろんこの場合、今までの議
論や共通認識のおさらいをする場合に PowerPoint を使用することもあります。

　Excel や Word での会議の仕方については本章第 4 節で解説します。

① ② ③ ④ ⑤

【図3-2-3】会議資料の各形式についてのメリット・デメリット

	PowerPoint	Excel	Word
メリット	✓図解による可視化でわかりやすい資料が作成可能	✓数字の集計ロジックなどの説明に最適	✓資料作成工数が少ない
デメリット	✓資料作成の難易度が高い ✓資料作成の作業負荷が高い	✓集計ロジックが複雑になるほど説明難易度が高くなる	✓基本的に文字のみであるため相手に伝わりづらい
相性の よい 会議 タイプ と具体例	基本的には丁寧な説明が必要な場面で使用される。 ①報告／承認タイプ 　プロジェクトの進捗報告会議 ②依頼タイプ 　他部署への資料依頼会議 ⑤提案タイプ 　会計システム導入提案の会議	数字集計を説明する場面で使用される。 ②依頼タイプ 　Excelの集計フォーマットの引き継ぎ会議 ③相談タイプ 　Excelの集計フォーマットの改善相談会議	文字のみの説明で足りる場面や丁寧な説明が不要な場面で使用される。 ③相談タイプ 　会計方針検討会議（会計基準や税法の条文の貼付が多い） ④発散タイプ 　新アイデア企画会議（現状の課題を書き出すなど）

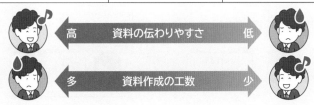

②話す準備

　人間の情報処理能力で聴覚は約１割程度なんだから適当に喋ればいいや、なんて思うかもしれませんがそうではありません。例えば、いったりきたりするような説明をしたり、意味のわからない発言を連発したり、いわゆる「下手な説明」をするとせっかく良い資料があったとしても台無しになります。説明が逆にノイズになる場合もあるのです。黙った方がマシだったりします。このへんの説明能力やプレゼン能力は練習しなければ身につきません。

　社会人を５年もやっていれば特に準備せずとも事前に資料に目を通しておけばそれなりに話せるようにはなりますが、**社会人歴５年以内の方や５年以上でもプレゼン慣れしてない方は、会議前に通しでうまく説明できるかどうかリハーサルすることを強くおすすめします。**リハーサルしても詰まる部分やうまく説明でき

ない部分についてカンペなどを用意すると良いでしょう。筆者の場合新人の頃、最初は全然うまく話せなかったので、話す内容すべて Word に一言一句台本を書いて覚えて、リハーサルしてからプレゼンをしていました。

　筆者は現在独立して会計士予備校の講師業や実務系の講座の講師業をするなどプロ講師として活動していますが、今でも初めてやる講義に関しては一度通しでリハーサルして説明の仕方などを修正してから本番に臨みます。話し慣れてない方はなおさらリハーサルは必要だと思います。プレゼンの詳細については本章第5節で解説します。

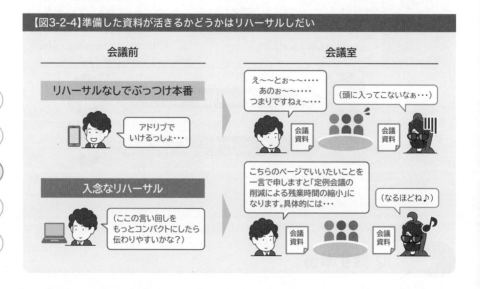

【図3-2-4】準備した資料が活きるかどうかはリハーサルしだい

1
2
3
4
5

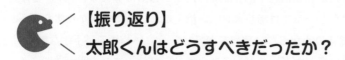

【振り返り】
太郎くんはどうすべきだったか？

　それでは本章冒頭の漫画パートで太郎くんの何がダメだったのかを振り返ってみましょう。まず、会議資料を作成しているという点は Good でしたが、当然ながら 1,000 ページの会議資料などはありえません。読むだけでも 1 週間以上かかるでしょう。

　多くの会社の会議時間は１時間程度かと思いますが、時間内に結論を出して意思決定する必要がありますので、会議資料はなるべくコンパクトにしましょう。そして何より 1,000 ページにも資料が及ぶということは伝えたいことがまとまっていないという証拠であり、会議資料の作成以前の問題です。

　また、会議資料は Excel や Word ではなく、本当に PowerPoint が適切かどうかも会議資料を作成する前に検討しておく必要があります。さらに会議資料を作成したことで満足し、説明のリハーサルをしていないのも問題です。太郎くんのように喋り慣れていない場合はアドリブで説明しても失敗するのは目にみえてますので、話の順番や表現は大丈夫かなどのリハーサルをしておくべきだったでしょう。以上、太郎くんが反省すべき点はたくさんありましたが、次節からはもう少し具体的にパワポ資料の作成の仕方（第３節）、Excel・Word で作成する場合（第４節）、プレゼンのコツ（第５節）をご紹介していきます。

【図3-2-5】太郎くんの反省ポイント

 今回の太郎くんの評価 **15**点/100点

会議前の準備のポイント		太郎くんはできていたか？	反省点
①会議資料の準備	（ⅰ）口頭でなく資料を用意する	▲	資料を作っていたのは評価できるが、作りすぎ…
	（ⅱ）会議資料の形式を決める	✖	今回はPowerPointで会議資料を作成していたが、ExcelやWordでも良かったのではないのかが検討できていない
②話す準備	リハーサルを行う	✖	リハーサルなしでアドリブで話して、見事に何をいっているかわからない説明になっていた

「一度も失敗をしたことがない人は、何も新しいことに挑戦したことがない人である」とアルバート・アインシュタインもいってます。

お前のハートの強さは褒めてやる。

今回は見事に会議に失敗しましたが、事前にパワポの資料作成していたことは褒めて欲しいですね。

あの1,000ページの超大作な……
ちなみにお前パワポって得意だっけ？

よくぞ聞いてくれました。得意じゃなきゃ1,000ページも作れないでしょう！

量の問題じゃなくて質な？

もちろんです。会議資料は機密情報なのでみせられないですが、今回くろいさんに僕のパワポスキルを披露しようと思って、くろいさん報告用パワポを特別に作成してきました！

そ、それはどうもありがとう……

じゃあ、今から送りますね！

 添付資料「くろいさん報告用資料_final_v23_20230401.pptx」

 ……!?

どうですか!?

 こんな感じの資料を1,000ページも作ったのか？

えぇ、もちろん！すごいでしょ!? 恥ずかしがらずに褒めていただいていいんですよ!?

 よくクビにならないな、お前……

えぇーー!?何がダメだっていうんですか!?

 全部だ！ばかもん！字ばっかりだし、考えがまとまってないし、何がいいたいかわからないし……とにかくわかりづらい!!

自信あったんだけどなぁ……

確かにパワポの作成は難しいし、奥が深い。綺麗で
わかりやすい資料を作成するにはかなりの練習が
必要になる。でも、ちょっとしたコツさえ掴めばある
程度は作れるようになるから、最低限そこだけでも
押さえるようにしろ！

はい！ご指導お願いします ><！

PowerPoint
上達のコツ

　PowerPoint は自分の伝えたいことを資料に可視化するためのツールですが、自分の伝えたいことをパワポの白紙から表現することはかなり難易度が高いです。筆者は今では文章を読めば頭の中でどんな資料にするかパッと図解が思い浮かんできますが、これはコンサルタント時代に何百枚、何千枚とパワポ作成をして身につけたスキルです。コンサル会社で働く方はプロとしてそれくらいはやる必要がありますが、経理部員がその境地まで達する必要があるかというとそうではありません。

　パワポ上達の一番の近道は**上手い人のマネをすること**です。筆者もコンサルタント時代、新人の頃はお粗末なパワポを何枚も作成してきましたが、自分でも上手くなったなと感じたきっかけは、上手い人の資料をマネしながら作ったことです。自分の伝えたいことを上手い人の型に当てはめて作ることを繰り返していくと独学でやるよりもはるかに上達します。

　さて、今回太郎くんがくろいさんにみせたパワポはどのようなものだったのかみてみましょう（図 3-3-1 参照）。テーマは「残業時間の削減」ですが、パッとみて何がいいたい資料なのかわからないし、見た目もよくないですよね。この節では、パワポで守って欲しいコツをひとつひとつ伝えていきます。今の太郎くんの資料を改善していきながら作成のコツを学習していきましょう。

【図3-3-1】太郎くんの資料（Before）

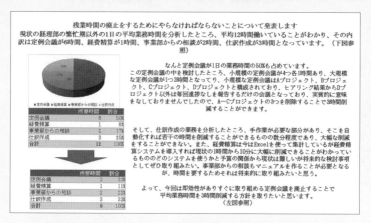

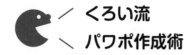

くろい流
パワポ作成術

　さあ、太郎くんのパワポをみて、皆さんはどう思いますか？おそらく読んでないですよね？そう、パッとみただけで絶対に読みたくないと読者に思わせる天才的な資料です。ここまでダメな資料はちょっと極端かもしれませんが、世の中の資料にはこのように「読みたくないな……」と初見で思わせてしまう資料がたくさんあります。

　この資料を筆者が作り直したお手本のパワポ資料は下記の図のようになります。Before が悪すぎるので After がよくみえてしまうというトリックがあるかもしれませんが、いかがでしょうか？パッとみただけでこのスライドで何がいいたいのかがわかりますよね？このようなパワポのテクニックは難しいものではなく、以下のコツに従えば簡単に作成できます。くろい流のパワポ作成 10 ヶ条を今からご紹介しますので、明日からの業務にこの 10 ヶ条を守るようにしてパワポを作成していただければ格段に上達するはずです。

【図3-3-2】筆者が作り直した資料（After）

残業時間の削減施策

➢ **不要な定例会議を廃止し、**定例会議を現状の半分にする

■ 経理部：1日の平均業務時間の内訳分析(繁忙期以外)

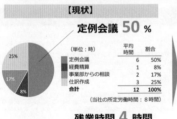

【くろい流パワポ作成術　第１条】ワンスライド・ワンメッセージ

「なんだ、当たり前のことじゃないか」と思ったそこの君！その通りです。どのパワポ作成術の本にも絶対に書いてあることですが、簡単なようでこれがなかなか難しいです。わかったつもりでパワポを作成していても完成後振り返ってみると、１つのスライドにいろんなメッセージを詰め込んでいることが多いです。たくさんいいたいことがあって、情報を詰め込みたくなる気持ちはわかりますが、やりすぎると伝えたいことがブレてしまいますので、**「このスライドはこのメッセージを伝える！」と決めてからパワポを作成し始めましょう。**

太郎くんの作ったスライドを振り返ってみるといろんなメッセージが詰め込まれていますね？ここで一番いいたいことは「不要な定例会議を廃止して、定例会議の時間を現状の半分にして残業時間を減らしましょう」ということなのですが、定例会議の内容や、その他の業務時間の中身や将来したいことなどにまで踏み込んでおり、肝心のメッセージが薄れてしまっています。

この資料の修正提案としては、まずは一番伝えたいこと「定例会議の時間を半分にする」にスライドのメッセージを絞り、次のスライドで「定例会議の内訳でどれを削除するか」の話をして、３つめのスライドでその他の時間の話をして「将来の課題」について伝えるのがベストだと思われます。

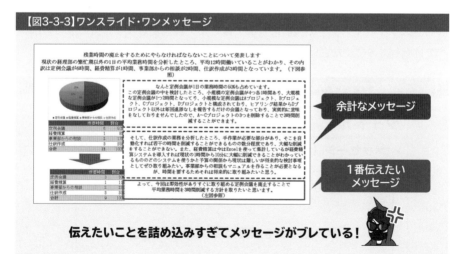

【図3-3-3】ワンスライド・ワンメッセージ

【くろい流パワポ作成術　第２条】基本的なパワポの型

　太郎くんのパワポはただ単にパワポの一枚の紙に文字を上からズラッと書いて途中に表を挟んでいるだけのスライドで、これなら正直パワポじゃなくて Word で書いた方がわかりやすいです。パワポの良さを完全に潰してますね。実はパワポには基本的な型があり、これをやるだけでスライドの印象がガラリと変わります。パワポの基本的な型は下記の【図 3-3-4】のような型ですので、ぜひこの型に当てはめてみてください。

　一番上にまずは「タイトル」を配置します。何の話をしているのか大きな分類をここでするわけですね。次にタイトルの下に一番伝えたい「メッセージ」をもってきます。先ほどのワンスライド・ワンメッセージで一番伝えたいことをここに先に書いておくと軸がブレないでしょう。そして**メッセージの下にそれを補足するための図形や表などをもってくる**と非常にわかりやすくなります。なお、文字の大きさは「タイトル＞メッセージ＞補足」の順であればわかりやすく見栄えも綺麗になるでしょう。

　タイトルとメッセージの間に線がありますが、これはどのようなものでも大丈夫です（ないよりあった方がわかりやすいです）。「挿入」→「図形」→「線」or「正方形 / 長方形」で挿入しましょう。また、各スライドで同じ型を使いますので、「表示」→「スライドマスター」でこの型をテンプレート化しておくと良いでしょう。なお、スライドマスターの機能についてはここでは割愛します。気になる方は調べて挑戦してみてください。

① ② ③ ④ ⑤

【図3-3-4】基本的なパワポの型

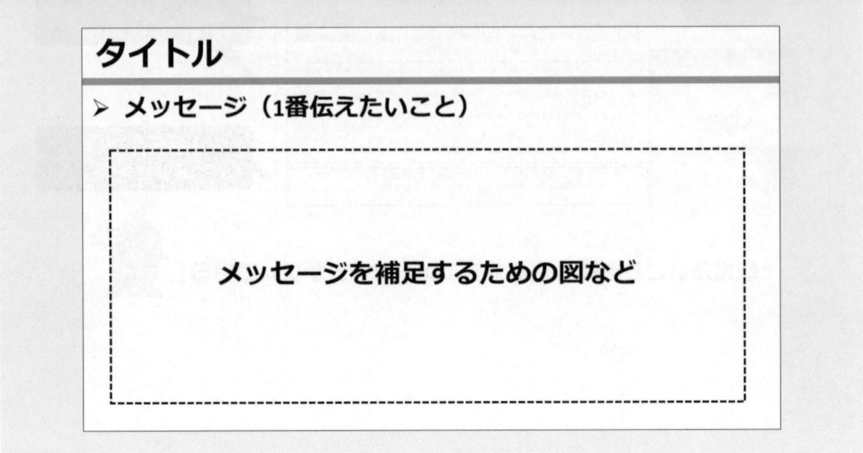

タイトル

➢ **メッセージ（1番伝えたいこと）**

メッセージを補足するための図など

【くろい流パワポ作成術　第3条】Zの法則（視線の流れを意識する）

　人間の視線は「Z」の流れで動くといわれており、パワポの文字や図形は「Z」の位置に配置すると読みやすい資料が出来ます。イメージは下図のような形です。上記基本的な型に添えば自然に「Z」の形で作成することができますが、メッセージを補足するための図の配置は気をつけなければなりません。例えば、【図3-3-2】の筆者が作成したスライドで「現状」と「施策実施後」を並べていますが、これも「Z」の法則を意識しています。

　もしこれが逆だった場合「施策実施後」が先に読まれてしまいますので、全体を読めば意味が通じるかもしれませんが、最初読んだ時に少しピンとこないかもしれません。よって、この視線の流れを意識しながらグラフ、図形や文字を配置するようにしましょう。なお、ページ番号は一番右端に配置するのが良いでしょう。テンプレートなどによっては真ん中や左端にあるものがありますが、読んでいる途中にページ番号があると邪魔であるため、目線の流れの最後に配置するのが良いでしょう。

【図3-3-5】Zの法則

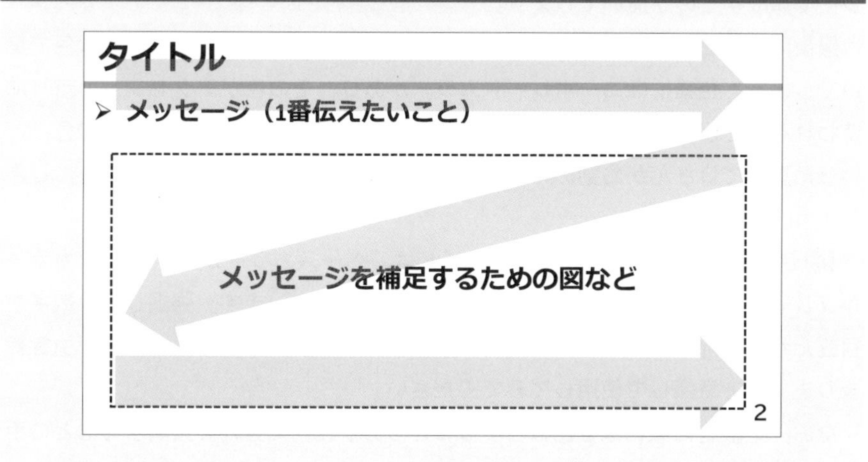

タイトル

➢ メッセージ（1番伝えたいこと）

メッセージを補足するための図など

2

【くろい流パワポ作成術　第 4 条】色の上限は 3 色まで

　特にパワポ初心者の方はこれには要注意です。初心者の方ほど目がチカチカするようなパワポを作成しますが、これでは読みたくなるような資料とはいえません。そんなことをいっている筆者も新人の頃に作ったパワポは色鮮やかで恥ずかしいものでした。基本的にパワポの色には 3 つの分類があり、ベースカラー（背景色）、メインカラー（本文）、アクセントカラー（強調したい部分）の 3 つで構成され、この 3 色でやりくりすべきです。

　まず、ベースカラー（背景色）は白が一番無難でしょう。黒などを使いこなせればカッコいいかもしれませんが、かなりの上級者でないと白以外のベースカラーを使いこなすことは難しいので初心者の方は迷わず白一択で良いです。

　次にメインカラー（本文）ですが、これは文字に使う色のことで、基本的にこの色がスライドの中心となります。このメインカラーは濃いグレーを選択するのが良いでしょう。企業のスライドもグレーをメインカラーにしているところが多いです。メインカラーが派手だと全体的にチカチカしますし、強調したい時にどれを強調したいのかわからなくなりますから決まりがなければ基本的に濃いグレーで構成するのが良いでしょう。

　最後にアクセントカラー（強調したい部分）ですが、これは各自好きな色で良いでしょう。企業にはコーポレートカラーがあり、その色がアクセントカラーに使われることが多いです。例えば、任天堂であれば赤色、花王であれば緑色、といった具合で皆さんがお勤めの企業のコーポレートカラーを使用するようにしましょう。

　【図 3-3-2】の筆者が作成したスライドは、ベースカラーが白、メインカラーがグレー、アクセントカラーが青色、のようになっています。強調したい数字や目立たせたい部分にだけアクセントカラーを使うことによってスライドが引き締まりますので意識して使用してみてください。

　なお、上級者になれば 5 色ほど使うこともあり、色で分けて強調するなどの手法も使いますが、最初は 3 色を基本的に使うようにしましょう。また、原色を使用すると目がチカチカしてスライドが安っぽくみえますのでなるべく避けるようにして、少し淡い色を使用することをおすすめします。

①
②
③
④
⑤

【図3-3-6】色の上限

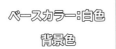

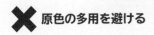

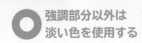

【くろい流パワポ作成術　第5条】フォントは「メイリオ」で統一

　PowerPoint には標準のフォントがたくさん用意されています。どれを使用したら良いかわからなくなってしまいそうですが、デフォルト設定の「MS ゴシック」はあまりおすすめしません。太郎くんは「明朝」で作成しており、このフォントは Word には適していますが、パワポには不向きです。パワポで一番映えるフォントは「メイリオ」です。「メイリオ」は視認性の高いフォントですので使い勝手が良いでしょう。

　そして、すべてのスライドで同じフォントを使用しましょう。フォントが違うと文字がガタガタして読みにくく、文字の違いが気になって読み手が理解しにくくなってしまいます。ちなみに筆者はパワポを作成する時はいつもフォントは「メイリオ」一択です！

① ② ③ ④ ⑤

【図3-3-7】フォントは「メイリオ」で統一

【くろい流パワポ作成術　第６条】文字は極力少なく

　PowerPoint というツールは自分の伝えたいことを図に起こしてイメージを伝えるのに最適なツールです。よって、PowerPoint では極力文字数を減らすことを意識しましょう。

　ただ減らしすぎても伝わらないので、長すぎず短すぎずの文字量を心掛けましょう（簡単にいいますが、おそらくこれが 10 ヶ条の中で最も難しいので練習が必要です）。文章で伝えるというイメージより、ワンフレーズで伝えるようなイメージで書くことです。文章が２〜３行になってしまうような場合は少し長いので極力短くするようにしましょう。

　経理部だとどうしても文章が長くなってしまう傾向にありますが、もし文章が長い場合は、箇条書きにするという方法もあります。

【図3-3-8】文字を極力少なく

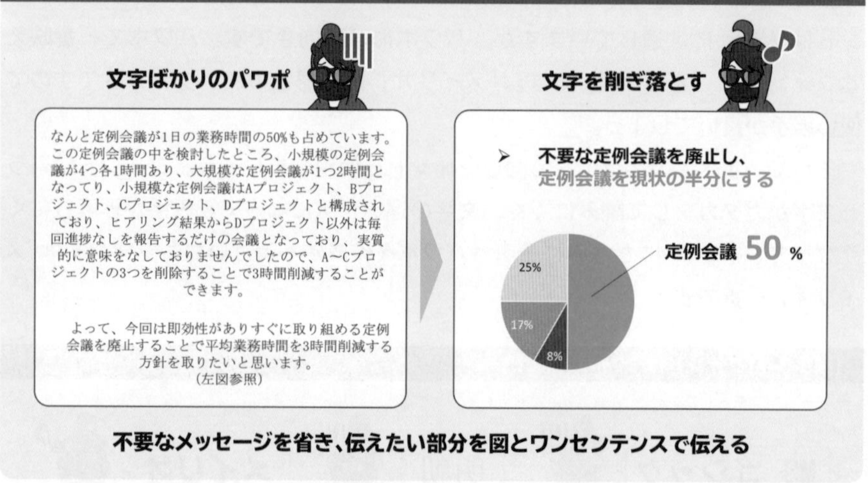

文字ばかりのパワポ

なんと定例会議が1日の業務時間の50%も占めています。この定例会議の中を検討したところ、小規模の定例会議が4つ各1時間あり、大規模な定例会議が1つ2時間となってり、小規模な定例会議はAプロジェクト、Bプロジェクト、Cプロジェクト、Dプロジェクトと構成されており、ヒアリング結果からDプロジェクト以外は毎回進捗なしを報告するだけの会議となっており、実質的に意味をなしておりませんでしたので、A〜Cプロジェクトの3つを削除することで3時間削減することができます。

よって、今回は即効性がありすぐに取り組める定例会議を廃止することで平均業務時間を3時間削減する方針を取りたいと思います。
（左図参照）

文字を削ぎ落とす

➢ **不要な定例会議を廃止し、**
定例会議を現状の半分にする

定例会議 50 %

25%

17%

8%

不要なメッセージを省き、伝えたい部分を図とワンセンテンスで伝える

【くろい流パワポ作成術　第7条】無駄な装飾はしない

　第6条で文字ではなく図を使うという話をしましたが、ゴテゴテした派手な図を使ったり、子供のようなアイコンを使うのはやめましょう。初心者のうちはいろいろな機能に触れると楽しくなり、図形を立体にしがちなのですが、立体の図形は上級者でも使用が難しいので避けましょう。立体図形を使用するとスライドがゴチャゴチャしてみづらくなるからです。筆者の新人時代のスライドも立体図形ばかり使っていました（たぶんカッコよくみえていたのでしょうね……）。また、最近ではネットでフリーのイラストがダウンロードできますが、ゆるい雰囲気のイラストをビジネス資料で使用すると少し幼稚にみえてしまいます。アイコンを使用する場合はPowerPointの「挿入」タブ→「アイコン」で標準で用意されているものを使用すると良いでしょう（PowerPoint2016以降で使用可能）。

　また、PowerPointの「挿入」タブには「SmartArt」という自動で図を作ってくれる機能があります。パワポ作成術の本やネット記事などをみるとこの機能を推奨しているものがありますが筆者個人的にはおすすめしません。すごくゴテゴテした図になってしまうので図を作る際のヒントとして活用するに留めて、実際に使用するのは控えましょう。

　そして、アニメーション機能もありますが、これは講義や営業プレゼンなどで使用する分には効果を発揮しますが、普段の会議で使用するのは過剰です。そこまでは求められていないと思いますし、工数がかかりすぎてしまうので使用を控えましょう。さらに、図形に影をつけたりすることもできますが、いわずもがなそれも控えましょう。

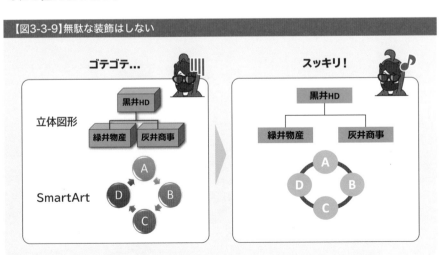

【図3-3-9】無駄な装飾はしない

【くろい流パワポ作成術　第8条】表はシンプルにする

　パワポで「挿入」タブ→「表」で、表を作成すると標準のスタイルだと青いシマシマ模様の表になると思いますが、これも目がチカチカして読みにくいので白抜きにしてシンプルにしましょう。

　また、不要な枠線も削除しましょう。そうすることでさらに表をシンプルにスマートにみせることができます。見出しの下の線1本、合計欄の上下線2本くらいで十分表として成立します。

【図3-3-10】表をシンプルにする

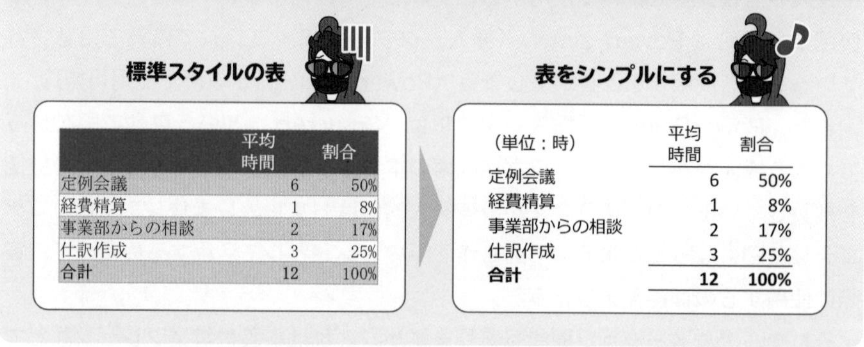

標準スタイルの表

	平均時間	割合
定例会議	6	50%
経費精算	1	8%
事業部からの相談	2	17%
仕訳作成	3	25%
合計	12	100%

表をシンプルにする

（単位：時）	平均時間	割合
定例会議	6	50%
経費精算	1	8%
事業部からの相談	2	17%
仕訳作成	3	25%
合計	**12**	**100%**

【くろい流パワポ作成術　第9条】グラフは Excel で作る

　パワポの資料ではグラフを載せるとわかりやすさが格段に UP しますが、パワポでグラフを直接作ってしまうと工数がかかりすぎてしまいます。パワポにグラフを載せる場合は Excel でグラフを作ってそれをパワポにコピー＆ペーストすると簡単に作成できるでしょう。

　Excel でグラフを整えたらそれをパワポにコピー＆ペーストすると、パワポのグラフが Excel と連動するようになりますが、それだとパワポのファイルが重くなったり不具合が生じる場合もありますので、連動させるのではなく図としてパワポにコピー＆ペーストしましょう。

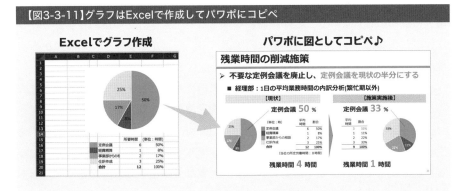

【図3-3-11】グラフはExcelで作成してパワポにコピペ

【くろい流パワポ作成術　第10条】最も伝えたい部分を工夫して強調

　最後にお伝えしたいのは「パワポを読ませてはダメ」ということです。パッとスライドをみた人が、プレゼンターは何がいいたいのかを瞬時に理解できるようなら資料として成功といって良いでしょう。逆にパワポをみた人が「何がいいたいんだろう？」と顔をしかめながらパワポを読み込み始めたらそこで失敗と思った方が良いでしょう。**最初にみた時にパッと伝えたいことを理解してもらって、そこから深く理解するために読み込み始めるような資料を作ることが最終ゴールです。**

　筆者が作り直した資料（【図3-3-12】）をパッとみると、「Z」の法則で視線が動き、「あ、この資料は定例会議を半分廃止したら残業時間が4時間から1時間に減るのね」ということが瞬時にわかると思います。その後、もう少し詳しく読むと現状は12時間平均業務時間があって、内訳がこうなっているのか、と理解するような流れです。

　大切なのはこの「Z」の視線のライン上に伝えたいことを目立たせる工夫をすることです。筆者の資料では円グラフの定例会議の構成割合をグラフの中にパーセンテージを入れるのではなくあえて外出しして、定例会議にこれだけ時間を使っているんですよ、ということを数字を大きくして色をアクセントカラーにすることによって目立たせて伝えています。大事なのは相手の視点に立って、相手がどのように読むだろうと客観的に考えることであり、工夫の仕方も様々なので、上手い人のパワポを参考にしながらテクニックを習得していきましょう。

【図3-3-12】パワポは読ませるな！工夫しろ！

／　パワポでスライドを何枚も
＼　作る時のコツ

　パワポを作り始める時はいきなりパワポ上で作業するのではなくて、最初に図形の配置やいいたいことなどを整理して紙に書いてから始めるようにしましょう。いきなり作業すると途中で「やっぱりこうしよう」とか手戻りが多くなり非効率になりますので最初のうちはめんどくさくても紙に書きましょう。上達してくると配置などはなんとなく頭でイメージできるようになり、いきなり作業できるようになります。

　また、お伝えした10ヶ条は一枚のスライドを作る時の話ですが、通常スライドは何枚も作るものです。スライドが何枚もあると話の区切りがわからなくなったりしますので、基本は以下の構成を守るようにしましょう。

> **＜スライドの基本構成＞**
> **①表紙　②目次　③セクション　④内容**

　まず「①表紙」で何の話をしている資料なのかを示し、「②目次」で話の全体像を示します。「③セクション」とはスライドの中敷きのようなもので、目次の順番に作り、話が変わって今からこの話をしますというような話のクッション的なスライドです。その後に「④内容」の説明をして、ここで前述の10ヶ条を守りながら作成し、また次の話に変わる場合は「③セクション」でワンクッション置いてからまた「④内容」を話し……というような流れで作成します。

　お勤めの企業のテンプレートがあれば、基本的にこのような構成になっているものが多いと思われます。ない場合は、前述のスライドマスターで簡単なものを作成して自分のテンプレートとしてもっておきましょう。

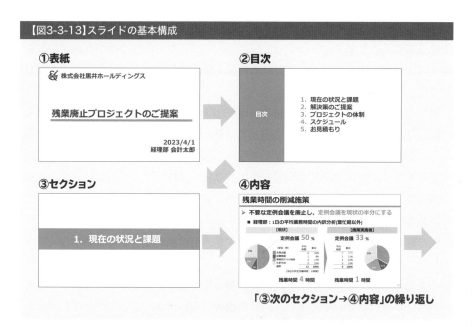

【図3-3-13】スライドの基本構成

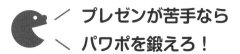

／ プレゼンが苦手なら ＼ パワポを鍛えろ！

　いかがでしたでしょうか？以上の 10 ヶ条を最初は厳密に守っていただくと綺麗でわかりやすい資料が出来上がると思いますので、ぜひ参考にしてみてください。慣れてくると配置や色の感覚などが身についているので 10 ヶ条からちょっと外れたものも作れるようになってくると思います。筆者もセミナー講師や専門学校の講義で PowerPoint の資料を作成する際、基本的にはこの 10 ヶ条を必ず意識してますが、ガチガチに守ると伝えたいことが伝えられない場合は基本的な型を破ってタイトルを省略したり、5 色使ったりなど様々な工夫をしています。

　デザインや配色の感覚はセンスによる部分が大きいのですが、**パワポは練習すればするほど上達**します。天性のデザインセンスなどがあれば 100 点のパワポを作成することができますが、そのようなセンスがなかったとしても 80 点のパワポは努力で作成可能です。ビジネスでは 60 点くらいのパワポであれば相手に十分伝えることができますので、80 点あれば強みとして活用できるでしょう。

では、どのように努力するかというと、**前述の上手い人のマネをしながらパワポを作りまくることです。** そうするとしだいにデザインや配色の型が自分の中に蓄積されていきますので、この場合はこの型を使って伝えてみようと考えることができるようになります。

パワポが使えるようになると面白いほど相手に自分の伝えたいことが伝わるようになります。もし説明が苦手で困っているという方はパワポの精度を上げてみてはいかがでしょうか。説明しなくてもパワポをみてくれたらわかる資料を作成することができればプレゼンなども楽になります。プレゼンや会議で説明する場所は単にセレモニーや筋を通すためにやるだけで説明自体はパワポ資料がやってくれるわけですから。

実は筆者は今でこそ講師をやっていますが、昔は説明やプレゼンがすごく苦手でした。なかなか相手に伝えることができなくて悩んでいましたが、それを解決するために思いついた方法が**「資料に説明してもらう」方法**です。資料をパッとみればいいたいことが伝えられ、口頭の説明はセレモニーとしてやっているだけで、聞いてもらえてなくても相手に伝わっていればいいやと考えたのです。何百枚、何千枚というパワポ作成経験を経て、みせるだけで良い資料作成法を習得しました。そうすることによってだいぶ説明するというハードルが下がり、気が楽になりました。結果それで説明に自信がつき、堂々とプレゼンすることができ、プレゼン力も上がったようにも思います。しかし、本章第5節でもお話ししますが、プレゼンはパワポと違い才能の部分がより大きくなりますので、能力の伸びに限界があります。しかし、パワポはやればやるほど伸びますので、プレゼンが弱点だという方はぜひパワポでその弱点を補っていただくことをおすすめいたします。

練習あるのみ!!

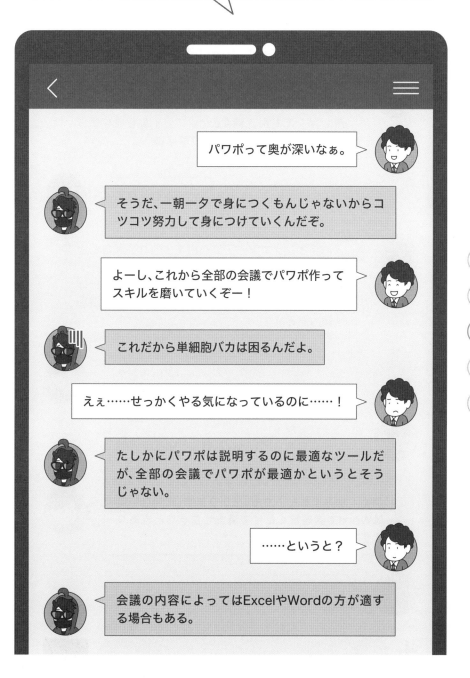

……というと？

 例えば、Excelの集計ファイルを引き継ぐための
ミーティングがあった場合、わざわざパワポを作
成しなくても引き継ぐExcelファイルを見ながら
ミーティングした方がわかりやすい。

……というと？

 ミーティングでアイデアを出すような会議だと別
にパワポなんか作る必要なくてWordやホワイト
ボードにアイデアが出るたびに書き出していけば
いいし、実際に時間がない時はWordで会議を済ま
す時もある。

……というと？

 うっせぇな！
今から説明してやるから黙って聞いてろ!!

ひぇ！すみません！でも、わかります。時間ない時
はWordで議題書くだけで済ませちゃうときあり
ますもんね！

 ……というと？

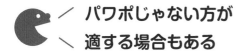

パワポじゃない方が
適する場合もある

　PowerPoint を使って会議で説明しよう！という話を本章第 3 節でしたばかり ですが、実はパワポは万能ではなく、すべての会議に適しているわけではありま せん。会議の内容によってはパワポよりも Excel や Word の方が相手に伝わる 場合もあります。

　その使い分けは簡単で、以下の図のように判断すると良いでしょう。

【図3-4-1】ExcelやWordが適する場面

	得意なこと	会議資料として最適な場面	経理部の具体的なシーン
Excel	・数値を集計 ・表を作成 ・グラフを作成	Excel ファイルを説明	・集計ファイルの引き継ぎ会議 ・ワークファイルの改善検討会議 ・ワークファイルのレビュー結果を伝える会議
		会議内容が集計に関する話	・部門予算の集計方法についての説明 / 検討会議 ・仕訳数値の出し方についての検討会議
		大きな表を使う場面	・Excel で作成した決算タスク表で決算の進捗を確認する会議 ・Excel に書き留めた経理部の課題管理表の進捗状況を確認する会議
Word	・文章の作成 ・文章の校正 ・目次の作成	アイデア出し	・経理部の現状の課題について語り合う会議
		検討内容が文章	・会計基準について検討する会議 （Word に基準を記載したり、検討過程を文書化する） ・経理規程の改訂を検討する会議

　会議はパワポじゃないとダメのように思われている方もいるかもしれません が、場面に応じて使い分けていただくと良いでしょう。大事なのは **「どうすれば 効率的に相手に最もわかりやすく伝えることができるか？」** を考えることです。 それぞれの Office 製品の特徴を考慮しながらそれを考え抜きましょう。

報告相手によっては
パワポじゃない方が良い場合も……

　パワポは会議資料としてわかりやすいので、通常の説明には最も適しているでしょう。例えば、役員への決算数値の報告や新しい取引の財務数値への影響の説明などにはパワポで会議資料を作成すれば要点を簡潔にわかりやすく伝えることができます。しかし役員にわかりやすく説明するために考えに考え抜いて力作のパワポを作成して、意気揚々とプレゼン会場に足を運び、役員にプレゼンしたけど、あんまり手応えがない……なんていう経験ありませんか？ちょっとイレギュラーかもしれませんが、めちゃくちゃ怒られる……なんていうこともあります。

　パワポの弱点は工数がかかりすぎることです。最近では働き方改革の影響もあり、効率的に働くことが重視されています。このような背景から「パワポ嫌い」の上席者も中にはいます。そのような上席者に時間をふんだんに使いましたといわんばかりのコテコテのパワポを使って意気揚々とプレゼンすると怒られます。

　「どうすれば効率的に相手に最もわかりやすく伝えることができるか？」を考える前にまずやってみてほしいことがあります。それは、**役員相手の説明の場合は、過去にどのようなフォーマットで皆さんが報告しているのかを調査すること**です。もし効率性をかなり重視するような人だったり、過去にパワポで報告して怒られたことがあるという経験者がいた場合は、Excel や Word などで省エネで報告し、想定 Q&A や説明の仕方などに頭を使うことに専念しましょう。当然ながら役員の方々は百戦錬磨の戦士です。パワポの見た目だけで誤魔化せることは皆無でしょう。**大事なことは話の本質（何を伝えたいか）を考え抜くことであり、工数をかければかけるほど相手に伝わりやすくなるものではないので、費用対効果を考えながら資料を作成しましょう。**

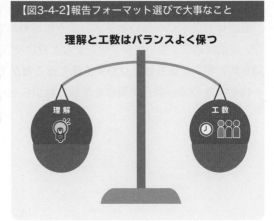

【図3-4-2】報告フォーマット選びで大事なこと

理解と工数はバランスよく保つ

理解

工数

プレゼンの前日は眠れない夜になることもしばしばです。

わかる。俺もそうだった。

ええ！そうだったんですね！

布団に入ると話すことが浮かんできて、やっぱこう説明した方がいいんじゃないかとか考えてしまって寝れないんだよな。

急にくろいさんに親近感がわいてきました。いつも話しかけづらいのに。

……ところで、お前はプレゼンできるのか？

不思議なことに僕が話し始めるとみんな寝始めるんですよね。どうしたものか……。

プレゼンスキルは結構才能の部分も大きくて、努力6割、才能4割なイメージかな。

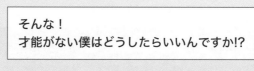

そんな！
才能がない僕はどうしたらいいんですか!?

安心しろ。プレゼンにもコツがあって、コツを守りながら練習していけば6割に達して十分に相手に伝えることができる。

ぜひそれを教えてください！くろいさん暗くて陰湿なイメージだけど、こういうときだけは頼りになるなー！

……ま、まぁな！耳の穴かっぽじってよーく聞いてろ！

ありがとうございます！くろいさんみたいな陰キャにもプレゼンできたんだから安心です！

……（ねぇ、もうやめて！）。

経理部から一歩でたら「仕訳」を忘れろ！

　経理部内で会話しているとお互い経理パーソン同士なので専門用語で会話が成り立ち、仕訳ベースで会話していたりもしますが、その会話は経理部内でしか通用しません。なぜなら他の部署の人たちは簿記を勉強したことがない人が多く、仕訳でいわれてもわからないからです。例えば、営業部とのミーティングで新しい取引の会計処理の相談をされたときに経理部員が仕訳ベースで会話してしまうことがあります。そのときに「前払費用の勘定科目を借方に計上して、その後毎月償却していきますね」なんていわれても、経理部の外の人間からすれば全く意味不明です。**大事なのはプレゼンや説明する相手（聞き手）のレベル感を把握して「この言い回しは相手に通じるかな？」などを客観的な視点でみて、説明の仕方を考える必要があるということです。**

　これは経理パーソンはやりがちですし、筆者もやってしまっていたことですので、他部署の人に説明する際は、まずは専門用語を使わない、ということを意識するところからスタートしましょう。

①

②

③

④

⑤

【図3-5-1】専門用語は使わない

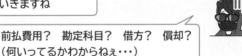

前払費用の勘定科目を借方に計上して、その後毎月償却していきますね

前払費用？　勘定科目？　借方？　償却？
（何いってるかわからねぇ・・・）

最初の30秒で
プレゼンは決まる

　読者の皆さんは高校や大学の講義やセミナーなどで様々な講師の方のお話を聞いたことがあるかと思いますが、講師によって様々な色がありますよね。「あ、この講師の人おもしろそう！」とか「なんかこの講師の人いまいちだなぁ」とかいろんな感想をもつことがありますよね。最初にイマイチだなぁと思ってしまうと聞く気がなくなり、眠くなってしまいます。では、どうしてそのような違いが生まれてしまうのでしょうか？

　「話がうまいなぁ」とか「おもしろそうだなぁ」と感じさせるのは講師の放つオーラや華やかさが大きく関わってきます。才能による部分もありますが、努力次第で相手に聞く姿勢をもってもらうことは可能ですので、この節でご紹介していきます。

　まず、一番大事なことですが、**「最初の30秒でプレゼンは決まる」**ということです。基本的に人は人の話を聞きません。聞いてくれたとしても人の集中力は1分半〜3分程度といわれています。興味のない話ならもっと短いでしょう。興味の有無を分けるのが最初の30秒です。もし最初の30秒で講師が下を向いてボソボソ話して、キョドッていたらどうでしょう？もう聞く気が失せますよね。その人の話を1分も聞く気にはならないでしょう。こうなるとプレゼンは失敗ということになります。よって、そうならないためにどうするかというと最初の30秒で自分は面白い奴だ、聞くに値する人間だ、ということをアピールする必要があります。

　難しく聞こえるかもしれませんが、簡単です。最初の30秒だけは、以下の3つをやるだけです。

【図3-5-2】最初の30秒でやるべきたった3つのこと

①自分が思っている2倍の声量の大きな声でハキハキと話す
②顔をにこやかにする
③胸を張って堂々と前を向きながら話す

　これだけでいいのです。これをやるだけで聴衆の反応は格段に違います。嘘だろと思われるかもしれませんが、逆にこの 3 つの正反対のことをしている人の話を聞きたいと思いますか？ボソボソ話して顔も暗いし下を向いて自信なさげに話している人の話など誰も聞きたくはありません。

　そして、思っている以上にこの 3 つは難しいです。会議でメインスピーカーとなり、みんなの前で発表するとなると緊張もあり、自然と声が小さくなりますし、経理だと話の内容が難しいので顔がしかめっ面になりやすいです。さらに、あんまり詳しくない話だと自信がないので質問されたくないから自然と下を向いて話してしまいます。自分が会議で話している様子をビデオで写してみるとわかりやすいと思います。本当にこの 3 つの逆のことを知らないうちにやっています。

　まずは最初の 30 秒だけでいいのでこの 3 つだけを意識してやり抜きましょう。プレゼンの本をみるとよく「つかみ」が重要とか書いてますが、慣れないうちはあんまりやらない方がいいでしょう。下手なジョークや小ネタを最初の 30 秒でぶちこんでスベったら最初の 30 秒でこちらの心が折れることになりますので。つかみで心を惹きつけるのは結構上級テクニックです。

ごまかしたり無難に終わらせようという心を捨てろ！

　「最初の 30 秒とか思いを込めるとか当たり前の精神論的なものはどうでもいいんだよ！すぐに使えるテクニック教えろよ！」と思われたかもしれませんが、それはあとでまとめて小ネタとしてお伝えしますのでご安心ください。

　確かに小ネタは即効性があって若干プレゼンスキルがアップするかもしれませんが、根本的なところがダメだと小ネタはすべて無駄になります。

　当然のようですが、プレゼンで一番大事なことは**「伝えたい！」という思い**です。これがないとどんなに小ネタのテクニックを磨いて良いプレゼンをしようともすべて無駄で薄っぺらく聞こえます。

　皆さんは、**質問されたりつっこまれたりするのが嫌だから説明をごまかそうとか無難に説明しようとか思ったことありませんか？その考えがある限りはいつまでたっても良いプレゼンはできません。**ごまかしたり無難に終わらせようとする

から自信なくみえるし、声は小さくなるし、何より「伝えよう」と思ってないのですから、説明もわかりにくくて相手には何も伝わりません。

　筆者も最初はこんな考えをもっていましたが、その頃はプレゼンスキルは全く伸びませんでした。命令されたことを嫌々プレゼンしていたのだと思います。説明をごまかすがゆえに、上司やクライアントから指摘されることが多くなり、自信がなくなり……という悪循環でした。そんなときにたまたま得意な題材でプレゼンする機会があり、得意なので知っていることを相手に熱心に伝えようとしたら聴衆の反応が全然違いました。相手の満足度も高かったため、今までの考え方が間違っていたことに気づきました。

　「伝えよう」という気持ちがあれば、事前にしっかり準備もするようになりますし、考えられる範囲で質問がきても大丈夫なように準備をするでしょう。準備をさぼって適当にごまかそうとするから指摘がくるのであって、ごまかさずにちゃんと準備してちゃんと伝えようとすれば、逆に指摘も減ります。それでも指摘がくるならば自分の能力の限界を超えているところからの指摘なので「わかりません。後で調べます」と堂々といえば良いのです。

　筆者も同じ気持ちを経験しているので、もし相手がごまかして説明したらすぐに「あ、ごまかしたな」と気付いて、逆にツッコミを入れるようになりました（笑）。

【図3-5-3】一番大事なのは「伝えたい！」という思いをこめること

え〜〜とぉ〜〜‥‥。
まぁ、そんなかんじです。
こ、ここは当然だから
みなさんわかりますよね？
では、次のスライドに移りますが‥‥

わかりづれぇ〜〜
聴衆

プレゼンを上達させる
くろい流プレゼン術

　さあ皆さんお待ちかねのプレゼンの小ネタ集を発表します。プレゼンという
テーマだけで世の中にはたくさん本があるくらい小ネタはたくさんありますが、
筆者が重要だと意識しているものだけを簡単に箇条書きしてみますので、参考に
していただければと思います。

【くろい流プレゼン術　第1条】最初は一言一句話すことを書き起こす

　プレゼンに慣れないうちは、**Word に話すことを一言一句書き出してみましょ
う。**そうして再度その原稿を読み返してみると「ここの文章は先頭に入れ替えた
方がわかりやすいんじゃないか？」ということに気づけます。そうすることによ
って説明力が格段に上がります。そして、会議前にその原稿を何回も繰り返し読
んで覚えて本番に臨むとスムーズにプレゼンできることに気づけると思います。プ
レゼンが苦手で悩んでいる方はこれをやるだけで格段にレベルアップしますので
試してみましょう。

【くろい流プレゼン術　第2条】カンペはワンセンテンス。朗読は禁止。

　上記のように原稿を作るという話をしましたが、覚えきれないからといって原
稿を会議にもち込んで読むことは絶対にやめましょう。**なぜなら原稿を朗読する
プレゼンはまったく意味がないからです。**プレゼンは心から伝えたいという思い
をぶつける場所です。原稿朗読は無難にプレゼンを終わらせようという気持ちの
表れで、聞いている方は苦痛です。ただ、何もないと不安だと思いますので、カ
ンペをもち込むのはアリです。朗読防止のためカンペにはどうしてもいいたいフ
レーズや説明が難しい言い回しや、間違えてはいけない表現などワンフレーズだ
け書くようにしましょう。

【くろい流プレゼン術　第3条】本番前のリハーサル

　これは当たり前のことなので、いわずもがなでしょう。リハーサルがなければ
良いプレゼンなどはできません。**本番のプレゼン前に本番を想定したプレゼンを
1回通しでやってみましょう。**1回通しでやった後の2回目プレゼンは3倍は

出来が違います。プロの講師として活動している筆者もいまだに講義前は必ずリハーサルで1回通しで講義します。それでもどうしても時間がない時は、頭の中でイメージトレーニングだけは必ずやります。リハーサルでできないことが本番でできるわけがありませんので、プレゼンに失敗する方はだいたいリハーサルを怠っていることが要因です。良いプレゼンをしたいならリハーサルという当たり前のことを怠らないようにしましょう。

【くろい流プレゼン術　第4条】「間」をとれ！

　プレゼンでよくある失敗は緊張で早口になってしまうことです。早口だと自信なさげにみえ、なにより聴衆が聞いて疲れてしまうし、理解が追いつかないという弊害があります。そしてこれは多くの人に該当することでしょう。これを解消するコツとして**センテンスとセンテンスの間（原稿の句点 "。" のタイミング）くらいで、一回止まることです。止まるとは1回大きく息を吸うことです。**あるいは、大きく息を吸って、聴衆を右から左に1回見渡すことです。こうすることで格段に落ち着いて話しているようにみえます。なお、公認会計士 YouTuber くろいは YouTube で尋常じゃないくらい早口で話しています。これは普段から早口なせいもありますが、一番は YouTube という場所柄若い人向けに飽きられないように練習してあえて早口で話しているだけなので、皆さんは絶対マネしないでください。

　そして、「えー」とか「あー」とか連呼してしまう人もいますが、実はこれは息を吸う方法で解消できます。この口癖をいいそうになった時に1回息を吸うことによって、間を作ることもできるし、口癖をいうことも防止できます。

【くろい流プレゼン術　第5条】動くな！

　これもプレゼンでよくある失敗例でプレゼンターがモゾモゾ動いてしまっていることです。緊張によって自分でも気づかない癖で、例えば、話しながら体が左右にユラユラ揺れたり（これが一番多いです）、定期的に頭や首や鼻などをかいたり、片足だけ貧乏ゆすりしたりするなどです。これをやると聞いている側は話の内容よりもその動作に気をとられて集中できず話の内容が入ってきません。一度自分のプレゼン姿をみてみるとよくわかると思います。あるいはプレゼン中何か気になる動作をしてないか同僚などにみてもらいましょう。そして、自分の癖をみつけて、次のプレゼンのときに**その癖をやりそうになったときにグッと**

こらえて止まりましょう。やりたくなったらハリウッド映画の一場面のように**「Freeze!」と銃を突きつけられたと思って動くのを止めましょう。**

　ただ、微動だにしないプレゼンもよくありません。動きがなく講師が棒立ちで話しているプレゼンは退屈で面白くないからです。本章第１節でもお伝えしましたが、視覚に訴えかけた方が聴衆の頭にとどきやすいのです。だからジェスチャーなど手を動かすアクションは必要です。**癖をやりそうになったらジェスチャーでごまかすという方法もあります。**例えば、「あ、今体を揺らしちゃってるな」とか「あ、頭をかきそうだな」と思ったらすしざんまいの社長のような手を広げるポーズをして大きな身振り手振りにみせながら話すとか両手を合わせて力強く説明している風にみせるなどの手法もあります。癖ではなくジェスチャーの一部にとり込んで身振り手振りで話しましょう。

【くろい流プレゼン術　第６条】Ｑ＆Ａの時間を長めにとる

　勘違いしないでほしいのはほとんどの人の話は下手で、ほとんどの人は人の話を思った以上に聞いていません。過度に期待すること自体が間違っています。そして講義やセミナーでもない限り、プレゼンターが人に話すことは無駄な時間なわけです。だから、**会議ではプレゼンターの人は極力説明の時間を短くしましょう。**１時間のミーティングで何か説明する場合は理想は 10 分、長くても 20 分くらいが良いでしょう。その残りの時間は参加者から質問を受け付けて質疑応答で議論する方が実のある会議になります。

　これはプレゼンが上手い人ほど陥る罠で、プレゼンに自信があるからこそ、どうだわかりやすいだろと長々喋って、質疑応答の時間が十分にとれず、みんなの疑問が解消できずみんなモヤモヤして会議が終わりがちです。確かにわかりやすいですが、全員が理解しているとは限らないし、一方通行の話は基本は聞いてもらえないので、質疑応答で理解を確認しながら進める方がベターです。

【くろい流プレゼン術　第７条】緊張をぶち破る：体を大きく広げる

　プレゼン前にいろいろ準備はしたけど、プレゼン本番に近付くにつれて、心臓はバクバク……頭が真っ白になり、何を話したら良いかわからなくなってくる……なんてことは誰にでもあります。筆者も経験済みです。みんなこの経験を通してプレゼンに慣れてくるわけですが、それでも緊張はしたくないものです。

　プレゼン前にどうしても緊張してしまう方々へアドバイスしたいのは、意識的

①
②
③
④
⑤

に体を大きく広げて自分を大きく見せるという手法です。緊張していると体が猫背になっていたり、腕を組んだりして体が縮こまっている場合が圧倒的に多く、そうなると心も萎縮してしまいます。内面だけでなく聞いている人にも小さく自信がないようにみえるので、プレゼンも頼りなく感じてしまいます。

　よって、緊張してるなと感じたら**プレゼン中のジェスチャーとして両手を大きく広げてプレゼンしましょう**。「嘘だろ？」と疑ってる人は騙されたと思ってやってみましょう。手を大きく広げていると自分が大きくなったように感じてプレゼンに自信がでてきますし、聞いている人もそのようにみえてきます。筆者もプレゼン中よく大きく手を広げて説明したりしていますが、緊張しているわけでなく自信満々にみせるテクニックとして使用しています。

　また、**プレゼン前に緊張する方は、プレゼン前に１分間両手を大きく広げて上を向きましょう**。こうすると自分は大きい存在なんだと自分に暗示をかけることができ、緊張が消えていきますので、ぜひやってみてください（なお、人目のつくところでこれをやると不思議な人にみえてしまいますので、トイレの個室など人目のつかないところで行うようにしましょう）。

【図3-5-4】緊張をぶち破れ！

緊張していると・・・

え〜と〜・・・・
あの〜〜〜・・・

体が小さくなっている

両手を大きく広げる

外観も内面も大きく見える

▶ 良いプレゼン。悪いプレゼン

本を読んでるだけじゃわかんねぇよ！って思っているでしょう？よろしい！ならば、私がお手本をお見せしましょう！ということで、公認会計士 YouTuber くろいちゃんねるで良いプレゼンと悪いプレゼンのお手本を公開しています。動画で学びたい人は右の QR コードを読み取って YouTube で学習しましょう！

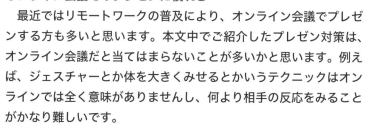

オンライン会議でのプレゼンに慣れろ

　最近ではリモートワークの普及により、オンライン会議でプレゼンする方も多いと思います。本文中でご紹介したプレゼン対策は、オンライン会議だと当てはまらないことが多いかと思います。例えば、ジェスチャーとか体を大きくみせるとかいうテクニックはオンラインでは全く意味がありませんし、何より相手の反応をみることがかなり難しいです。

　オンライン会議の文化は各社様々で、いろいろルールを設けている会社もあるかと思いますが、オンライン会議で何かプレゼンしても、聞いている側がカメラオフかつミュートしていると反応がまったくわからず、このまま喋り続けていいものかわからないこともあります。その中で喋り続けるのは、独り言に近いものがあり、かなり苦戦している人が多いと聞いています。

　筆者は講師業を営んでおり、Web で講義することが多く、誰一人いない小さな部屋で 3 時間の講義を収録するのですが、最初はかなり戸惑いました。一瞬でも俺って何やってんだろうと思うと喋れなくなります。しかし、しだいに慣れてきて今では一人でも笑いながら 3 時間喋ることが可能になりました。

　逆にいえば、オンライン会議でのプレゼンはプレゼン下手な人にはチャンスです。プレゼン下手な人は人前で喋るのが緊張するという理由が多いのですが、オンラインであればそれを感じにくいし、反応がみえにくいので、聞き手を気にせず喋ればいいのです。つまり、反応がなくても話し続けるメンタルさえもてば、伝わっていようが伝わっていまいが、喋れば乗り切れます。わかりやすい資料さえ作ってしまえばあとは資料がなんとかしてくれます。また、オフ

ラインでは、カンペをみながら喋るのは少し見た目がよくないこともありますが、オンラインでは画面上にカンペを用意すればいいので、カメラ目線のままカンペを読むこともできます。

ちなみに筆者はオフラインだとボケるのが恥ずかしいときもあるのですが、オンラインなら誰もいないためスベっても何も気にならないので、オンラインの方がボケる回数が多いなんてこともあります。

オンライン会議では聞き手も重要

このようにオンライン会議での話し手の話をしてきましたが、やはりオンラインはオフラインに比べて喋りにくいといえば喋りにくいです。聞き手の反応をみながら喋りたいというのがプレゼンターの本音です。円滑な会議に協力しようと思うのなら、聞き手の方はカメラをオンにしてもらえると話し手は非常に助かります。マイクはミュートの方が余計な音がなくなるのでミュートがベターです。

そして、聞き手はカメラオンの状態で、普段以上に頷きの回数を増やすように意識しましょう。話し手にとっては、頷いてくれているとちゃんと伝わっている感があるので、その方が安心感もあり喋りやすくなります。

これは自分がオンライン会議で喋る立場になった際に、響いてきます。いつもカメラオフミュートで何も発言しない人が、話し手になったからといって、聞き手にカメラオンで発言を求めるのは不平等です。人にされて嫌なことは他人にするな、という子どもの頃に習ったことと同じです。

このあたりは会社のルールなどによって異なりますが、できればオンライン会議のときは特段の理由がない限り、カメラオンにするというようなルールを作ることがリモート環境下において円滑なコミュニケーションをとる上で大事なことになります。

第4章

［社外コミュニケーション編］
社外の人たちとは
特に慎重に！

chapter 04

経理部は社内だけでなく、社外の関係者ともコミュニケーションをとる必要があります。社外の関係者は、子会社、監査法人、会計事務所、システムベンダー、コンサル会社など様々です。これら社外の関係者とは慎重にコミュニケーションする必要がでてきますので、本章ではどのような点に気をつけるべきかについて解説していきます。

そして物語も終盤。どんなに完璧にみえる人間でもどこかに欠点はあります。そう、灰井輝くんにもね……。

① ② ③ ④ ⑤

人間は面白い生き物だ。

 なんかの名言か？
だとしたらバケモノ側のセリフだな。

いや、僕が今日考えたセリフです！
そんなことより、聞いてください。今日会社の嫌な
やつと飲む機会があって、話してみたら意外にい
いやつだったんですよ。

 あるよな、そういうこと。

そいつボンボンだからちょっと上から目線なとこ
ろがあって、子会社に協力をお願いしなきゃいけ
ないのに、態度が悪すぎて先方を怒らせちゃって、
クレームになっちゃったんです。

 子会社とのコミュニケーションの場面では、
たまにあるよな。

代わりに僕がフォローしたんですが、そいつも気
の毒なくらい落ち込んでたんで、一緒に飲みに
行って励ましてきました。

たまにはいいことするじゃないか。

そいつも元気になったんでよかったです。でも、反面教師じゃないですけど、依頼する時は慎重に丁寧にやらないといけないですね。

おお、お前も成長してるな。そうだ。会社の会議は5タイプあるという話をしたが、依頼タイプの会議は、個人的に一番慎重にすべき会議じゃないかと思っている。社外の人ならなおさらな。

そうですよねぇ、
何回やっても依頼は気を遣ってしまいます。

そうだよな。依頼で失敗しないように、どういうことに気をつけないといけないか、再度お前も読者の皆さんと振り返ろう。

読者？

すまん、こっちの話だ。

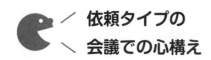

依頼タイプの会議での心構え

　そもそも社内で業務を依頼するということ自体ハードルが高い行為です。なぜなら、経済社会で誰かに仕事を依頼する場合、見返りとして通常は報酬が発生するからです。会社同士の依頼の場合には依頼側が報酬を支払いますが、会社内の従業員同士では依頼という行為をしても報酬が発生することはありません。

　通常であれば依頼された側の仕事が増えるだけですから、報酬が発生しないからこそ、社内はもちろん、子会社も含む社員同士の依頼というのは、そもそもがハードルの高い行為だということを知っていただき、何かを相手に依頼する際は慎重にいきましょう。

　特に慎重に依頼すべき場合は、相手にメリットが何もなく、こちら都合の依頼で、相手がその背景を知らず依頼先にとってサプライズな場合です。

　これとは逆に、相手にメリットがあったり、あるいは相手に非があったり、相手も依頼の背景を知っていたりする場合は、そこまで気を遣わなくても良いこともあります。

　例えば、「経費精算の締切を過ぎてますので早く提出してください」などは提出しないとお金が返ってきませんし、締切を過ぎている相手に非がありますので慎重な依頼は必要ないでしょう（かといって横柄な態度はNGですが）。これが「経理処理を早くしたいので、経費精算の締切を２営業日縮めます」などのようにこちら都合の場合は慎重に依頼するようにしましょう。

【図4-1-1】慎重な依頼が必要な場合とそうでない場合の見分け方

慎重な依頼をすべき場合	そこまで気を遣わなくとも良い場合
①相手に何のメリットもない場合 ②こちら都合の依頼の場合 ③相手にとってサプライズな場合	①相手にメリットがある場合 ②相手に非がある場合 ③相手も依頼の背景を知っている場合

【振り返り】
灰井輝の何がダメだったのか？

漫画パートでは灰井輝くんは珍しく見事に失敗しました。明らかに態度が悪かったということはわかりますが、具体的に一体何がダメだったのでしょう？

まず、依頼するのに資料も何もなく行っていることが問題です。会議という場を設定したからには何かしらの資料を用意することが礼儀です。非常に簡単な依頼であればチャットやメールで済ませても良いですが、そうでなければ会議の形式で行うのが良いでしょう。そして口頭だけではあまり正確に伝わらない場合があるので、資料によって視覚にも訴えて口頭で補足するようにしましょう。

また、灰井輝くんの最大の誤りは、**親会社の経理部だから偉いという錯覚をしていることです。**本当に態度が悪いですよね。依頼する側の態度じゃないです。依頼すれば、相手が承諾するものと思っていますので、当然ながら資料も用意せず、相手に納得してもらうための準備をしていません。通常、依頼する際はどうにか承諾して欲しいから、なぜこの依頼を相手にお願いしたいのか背景を説明したり、相手がこう質問してきたらこう答えようみたいな想定問答を数パターン用意しますが、それらを全くしていません。

依頼をする時は、時間をもらって、協力してもらうということを認識して誠実な姿勢を忘れないようにしましょう。

①
②
③
④
⑤

【図4-1-2】灰井輝くんは何がダメだったのか？

 今回の灰井輝くんの評価 **0**点/100点

依頼のポイント	灰井輝くんはできていたか？	反省点
①態度	✖	もう最悪だ。まずは人間性から直せ。
②資料の準備	✖	せめてWordくらいは作れよ・・・
③背景の説明	✖	背景の説明なしに依頼を承諾してくれるお人好しはこの世にいない。
④想定Q&Aの準備	✖	その道のプロで準備せずとも何でも答えられる人ならいいんだけどな。まぁ、今回は質問の手前でアウトだ。

些細な言葉遣いにも
態度は現れる

　灰井の振りみて我が振り直せで、依頼する際は上から目線はもってのほかで、相手を気遣いながら低姿勢で依頼することが必要です。低姿勢で謙虚にお願いする、ということは皆さんすぐにできることかと思いますが、気をつけるべきは言葉遣いです。何気ないふとした言葉遣いが無意識に上から目線になっていたり、横柄に聞こえてしまうので普段から気をつけるようにしましょう。

　よくあるのが例えば、「子会社に依頼文書を"まく"」というような表現です。これも子会社側からすればあまりいい気はしません。"まく"という表現からは人間が動物にエサやりをするかのような、リスペクトに欠ける印象を受けます。このように気づかないうちに失礼な態度をとっている、という場合もありますので何気ない言葉遣いに気をつけるようにしましょう。

【図4-1-3】些細な言葉遣いにも気をつけよう

現在、我々は子会社の皆様に
連結パッケージを"まいている"ところでして〜・・・
ご協力よろしくお願い申し上げます。

子会社側

"まく" ➡ "配布する"

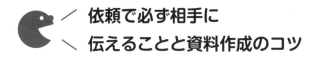

依頼で必ず相手に
伝えることと資料作成のコツ

　依頼する際は、資料を作ることは当然として、何を伝えたら良いでしょうか。第2章第2節でも述べましたが、必ず伝えることは以下の事項です。

①依頼事項　②依頼の背景　③依頼の目的
④なぜこのタイミングか　⑤スケジュール

　依頼資料を作る際には、これら5つの事項を盛り込む必要があります。そして、作成の極意はなんといっても**「端的」にわかりやすい資料を作成すること**です。例えば、依頼用の資料を渡されて100ページあったらどうでしょう？おそらく読むのが嫌だし、なんなら読まないこともあります。

　読んでもらうためには**資料の1ページ目にこの5項目を記載したサマリを必ずつけましょう。**その後に詳細が記載されている資料をつけておき、最悪こちらは読んでもらえなくても会議の口頭で自分で補足すれば良いような形式にします。

　これは役員への「報告 / 承認タイプ」の会議をする場合も同様です。いわゆるエグゼクティブサマリと呼ばれるもので、役員は時間がなくせっかちな人も多く、長い書類だとみる気が失せて読んでもらえない場合が多いため、最初にサマリをつけて、詳細に知りたい場合は後ろのページの詳細を参照してもらうという手法です。

　例えば、もし親会社で決算早期化プロジェクトを担当することになり、子会社に決算を早めてもらうように依頼しなければならない場合、筆者ならば【図4-1-4】のようなサマリ資料を作って子会社に依頼します。

【図4-1-4】サマリ資料

本日お話ししたいこと

➤ 依頼事項
　　毎四半期決算の子会社データ提出タイミング：３営業日短縮

➤ 依頼の背景
　　・決算発表のタイミングが毎回ギリギリとなり、決算発表の遅延が危惧される
　　・決算結果をよりタイムリーに把握したいという投資家の要望
　　　→ 黒井HD(親会社)が主導となり決算早期化プロジェクトが全社的に始動

➤ 依頼の目的
　　決算のリードタイムを全体で８営業日短縮を目指すため
　　（親会社：５営業日短縮、子会社：３営業日短縮）

➤ なぜこのタイミングか
　　新収益認識基準や見積り開示基準など複雑な制度対応事項の決算工数の増加

➤ スケジュール
　　・2024/4/1開始の事業年度から開始
　　・2023/9/30の決算でトライアル開始

① このようにサマリ資料は端的な言葉で箇条書きにして１枚にまとめましょう。
② ２枚ではダメです。２枚になった瞬間に２枚目をみないので必ず１枚にまとめて
③ ください。

①依頼事項

④ まず、必ず一番上に①依頼事項をもっていきましょう。これが下にあると話が
⑤ みえてこないので、読んでもらえません。

②依頼の背景

　次に、②依頼の背景を書きます。出席者が最も気になる「なぜ」の説明部分
ですので一番厚く書きましょう。

③依頼の目的

　そして、③依頼の目的を記載します。②依頼の背景と似ているので書きにくい
かもしれませんが、明確に区別しましょう。依頼の背景は過去の経緯について記
載し、過去こういう事実があるから依頼しているということを表します。依頼の
目的は将来について記載し、依頼によってこのような姿を将来的に目指している
ということを表します。これを意識すると書きやすくなるでしょう。

④なぜこのタイミングか

　さらに④なぜこのタイミングか、です。これを省略してしまう人が多いですが
必ず書くようにしましょう。依頼された側は、過去に依頼しなかったのはなぜ

か？まだ先でも良いのではないか？なぜ今このタイミングで自分に依頼してきた
のか？と不思議に思ってしまうので、明確にしてあげましょう。

⑤スケジュール

　最後に⑤スケジュールを記載します。依頼された側はいつまでにやる話なのか
は気になりますので、緊急度の高い話なのか？どのくらい余裕があるのか？とい
う疑問を解消してあげましょう。

【図4-1-5】サマリ資料のやっていること

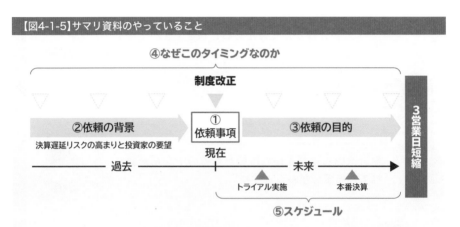

　これら５つは筆者が事業会社にいた頃、依頼する会議の場で、資料に書かなかっ
たが故に説明が不足し、必ず質問を受けた項目です。どうせなら全ての項目を１
スライドにまとめて伝える方が効率的だろうと生み出したフォーマットです。こ
の５つさえ記載していれば納得感のある依頼をすることができますので、これを
参考に依頼タイプの会議に臨んでいただければと思います。

お仕事がたくさんあると幸せですねぇ〜♪

お前ちょっと前まで
働いたら負けなんていってなかったけ？

最近はいろんな人から依頼がくるのでなんか頼られている感じがありますね。

それはいいことだな。
でも、その場合はちょっと注意した方がいいぞ。

え？

依頼されたことをなんでもかんでも受け入れていると、たまに経理部の仕事じゃないものも降ってきたりするからな。

ちょっと心当たりあるような……

あるいは依頼されたことがあまり意味のないことだったりして、無駄骨に終わることもある。

何も考えずに依頼されたら「承知しました」ってすぐ引き受けてました。

経理は依頼することが多いけれども依頼されることも結構多いんだ。それは他部署からだったりもするが、特に多いのは監査法人からの依頼だな。

確かにうちは上場企業だから監査法人からめちゃくちゃ色んなことを次から次へと依頼されます。

そうだろう。基本的にはその依頼事項には従わないといけないのだが、監査法人だからといってすべて正しいわけじゃない。

え!?

監査法人も経理部の仕事をすべてわかってるわけじゃないから「使わないけどとりあえず念の為にもらっておこう」ということは結構ある。必要性がわからない資料とかを依頼されたら「なんで必要なのか？」を聞いてみるといい。

そうだったんだ……。
何も考えず従ってました。

同様に監査役から依頼されることもたまにあるだろうが、「本当に必要？」と疑問なこともあるから依頼を鵜呑みにせずに「本当に経理の仕事なのか？」「なぜやるのか？」を考えるべきだな。

わかりました。今度監査役から依頼されたら「いやです！」っていってやります！

まあ、俺は偉いさんから依頼受けたら、とりあえずニコニコして「すぐやります！」っていうけどな。

さっきといってることが全然違う!!

①

②

③

④

⑤

監査法人から依頼される

　上場企業の場合、監査法人から監査を受ける必要があり、監査対応は経理部が窓口となって対応する必要があります。これがなかなかに大変です。

　監査のために必要な証拠書類として請求書や契約書などを依頼されればそれらを提出する必要があり、「決算数値に不明な点がある」と監査法人から質問されれば、それに回答する必要があります。よくある質問は、売上の増減理由や売掛金の増減理由などです。

　このように経理部は、監査法人から依頼されることが多々あります。経理部にとって監査法人は少し怖い存在に思えるかもしれませんが、必要以上に怯える必要はありません。監査法人から依頼されたから無条件に従わなきゃいけないとか口答えしたらダメとかそんなことはありません。監査法人も経理部のすべてを知り尽くしているわけではないので、「監査で使わないかもしれないけど念の為もらっておこう」という考えで依頼している場合も稀にあります。

　「なんでこんな資料が必要なんだろう？」や「なんでこんな質問をされるんだろう？」と疑問に思った場合は、監査法人の人に気軽に聞いてみると良いです。明確な理由があれば良いですが、納得感がなかったりモゴモゴ濁すようなことがあれば、とりあえずもらっておこうという場合や、そもそも依頼してくる担当者が理由もわからずに上司にいわれるがまま依頼しているという場合もあります。経理部も忙しいのでそのような不必要な依頼に答える必要はありません。

　監査法人と経理部に上下関係はなく、同じビジネスパーソンとして対等な関係です。監査法人は監査サービスを会社に提供して監査報酬を得ている立場であり、会社（経理部）は報酬を払って監査法人に決算書の適正性を保証してもらう立場です。国税庁の強制捜査のようなものではありません。よって、経理部は必要以上に媚びる必要もないし、無駄に下手にでる必要はないことを念頭においてください（監査法人だけでなく他部署や子会社から依頼された場合も同様です）。

【図4-2-1】監査法人からの依頼

以下の資料を明日までに用意してください
①A取引の契約書
②B取引の請求書
③取締役会の議事録
④通帳のコピー
⑤会計太郎くんの給与明細

明日まではタイトすぎます。
もう少し早めに依頼してもらえますか？
あと、⑤って何に使うんですか？

対等な関係

監査法人　　　　　　　　　経理部

監査役から
依頼される

①
②
③
④
⑤

　取締役会を設置している会社であれば、基本的には監査役がいます。監査役は取締役の職務執行状況を監督する立場であり、粉飾決算や不正などが起きていないかをチェックするための監査も行います。経理部の業務のチェックをするという点では先ほどの監査法人と同様ですが、監査法人は外部であるのに対して、監査役は会社の役員の立場であることから、どちらかといえば社内の人となります（取締役との馴れ合いを防ぐため社外から監査役を任命することもあります）。

　経理部が監査役と接点をもつ場面としては、決算書の報告、問題（会計処理のミスや不正など）の発覚時、監査報酬や監査計画の合意を得るときなどが挙げられます。企業によりますが、監査役から経理部が何かを依頼される機会はそれほど多くはありませんが、内容としては決算書の報告などをした際に追加で不明点の調査を依頼されることが主です。

　監査法人の時とは違い、今度は役員ですから上下関係は少なからず生じてしまいますが、ここでも経理部のスタンスは基本的には前述の監査法人に対するスタンスと同じで良いです。

　監査役であっても経理部の仕事をよく理解していない場合や会計の専門家でない場合もあり、依頼内容が手間がかかる割には不必要だったり、何も指摘しないわけにはいかないからという理由でとりあえず依頼しているだけの場合もあるためです。

　経理部がその必要性などを確認しないまま依頼事項を持ち帰ってしまうと、結局何をすれば良いのかわからず、無駄な検討時間だけが増えて業務が圧迫されてしまいます。監査役であったとしても、監査法人と場合と同じように、その依頼の必要性や背景について、しっかりと確認し、依頼を鵜呑みにすることは避けましょう。

【図4-2-2】監査役からの依頼

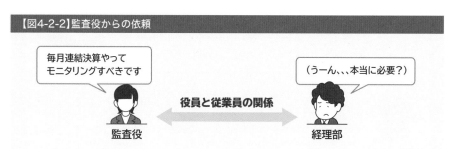

①
②
③
④
⑤

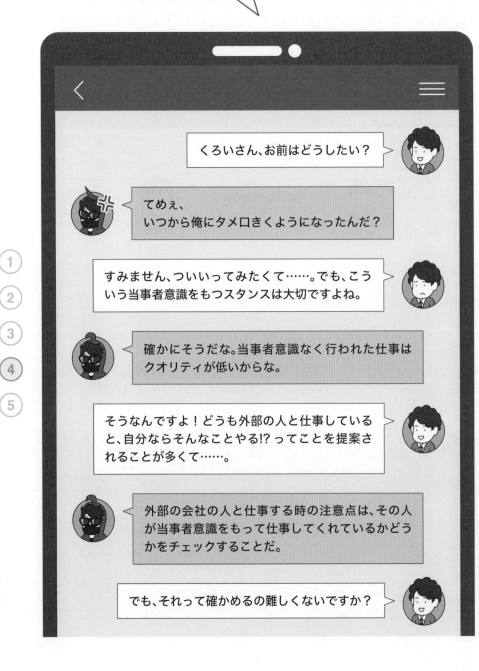

くろいさん、お前はどうしたい？

てめぇ、
いつから俺にタメ口きくようになったんだ？

すみません、ついいってみたくて……。でも、こう
いう当事者意識をもつスタンスは大切ですよね。

確かにそうだな。当事者意識なく行われた仕事は
クオリティが低いからな。

そうなんですよ！どうも外部の人と仕事している
と、自分ならそんなことやる!? ってことを提案さ
れることが多くて……。

外部の会社の人と仕事する時の注意点は、その人
が当事者意識をもって仕事してくれているかどう
かをチェックすることだ。

でも、それって確かめるの難しくないですか？

難しい。しかし、やりとりしている中で些細な違和感はあるはずだ。例えば、メールの返信が異様に遅いとか成果物が雑だとか。

確かにメールの返信が遅いのは困りますよね。こっちが困っていたらなおさらです。

当事者意識がないから先方が困っていても知らんぷりだったり対応の優先度を落とされたりする。

システムでこんなことに困っているというと「できない」の一点張りの人もいますが、「できないけど代わりにこれはどうか？」と代替案を提案してくれるシステムベンダーさんもいて、そういう人は頼りになりますね。

当事者意識もそうだし、ホスピタリティの問題だよな。外部の人と関わるときはなるべくそういう人に担当してもらうことが大切だ。そして改善すべきことがあるならちゃんとその会社にフィードバックしなければならない。

くろいさんってちょっと口が悪いですよね。

俺のフィードバックはいいんだよ……。

129

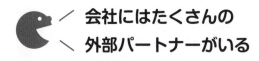

会社にはたくさんの
外部パートナーがいる

　企業では、従業員のリソースで賄えないものを外部に委託することがよくあります。会計や税務の専門家が会社内部にいない場合は会計事務所に会計帳簿や税務を委託するでしょうし、会計システムや経費精算システムを導入すればシステムベンダー（導入元企業）と関わりますし、経営戦略や業務改善などのアドバイスを受ける場合はコンサル会社などが外部パートナーとなります。

　経理部がよく接するのは、会計事務所、システムベンダー、コンサル会社などですが、彼らとの付き合い方にも気をつける必要があります。熱心に自分事として最高のサービスを提供してくれる外部パートナーなら良いのですが、残念ながらそういう方たちばかりではありません。従業員と違い、切り出された一部の業務を請け負っているだけと割り切って全くの他人事として処理してしまい、委託料に比してクオリティの低いサービスを提供する外部パートナーも残念ながら一部存在します。

　外部パートナーとうまく付き合うためには、**彼らが提供するサービスを受け入れっぱなしではなく、そのサービスの良いところと悪いところを毎回チェックすることです。**契約更新や一定のタイミングで外部パートナーと反省会ミーティングを開いて、良かったところや改善してほしいところをちゃんとフィードバックするようにしましょう。改善点を伝えてもなお改善しない場合は、こちらでできることはもうないため、委託先を変更するなどの方策を検討せざるを得ません。

　反省会ミーティングの際は経理部サイドから外部パートナーへのフィードバックだけでなく、外部パートナーサイドから経理部にもフィードバックをもらうようにしましょう。**両者の関係は対等ですので、お互いが業務をやりやすい環境を作るようにして Win-Win の良好な関係であるようにしましょう。**

【図4-3-1】外部パートナーへのフィードバック

フィードバック表を作成してお互いの意見を交換する

	良かったこと	改善して欲しいこと
経理部 ▼ 外部パートナー	・業務が改善した	・メールのレスポンスが少し遅い
外部パートナー ▼ 経理部	・迅速に対応してくれた	・太郎くんの私服のセンス

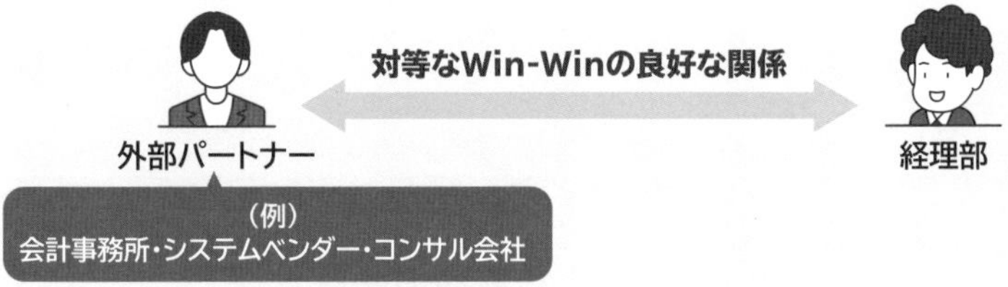

対等なWin-Winの良好な関係

外部パートナー   経理部

（例）
会計事務所・システムベンダー・コンサル会社

① ② ③ ④ ⑤

従業員も外部パートナーも 圧倒的当事者意識を

　仕事をする上で当事者意識は重要です。例えば、コンサル会社に経理業務の業務改善をお願いしたとして、「とりあえずシステムを入れ替えましょうか」といきなり高額なシステムの入れ替え提案をされたとしたらどうでしょうか？現状のシステムや業務フローを改善することで高額な予算を使わずに業務改善できる余地がないと考え抜いた中での提案なら良いですが、そうではなく、とりあえず提案という場合もあります。提案してきた人に「もし自分の会社だったらこの高額な値段のシステムを入れたいですか？」と問うべきでしょう。

　外部パートナーに当事者意識を求めるのはかなり難しいことですが、やはり一緒に考え抜いてくれるパートナーを見つけなければ最善の成果を生み出せません。筆者の経験ですが、経理部の Excel ファイルの改善をお願いしたら、納期まで何の連絡もなく、手打ちだらけの粗悪な Excel ファイルを納品してくる業者もいました。一方で、経理部の困っていることを真摯に何回もヒアリングしてくれて、大きく業務改善に貢献してくれたり、改善策を提案してくれる熱心な外

部パートナーの方もたくさんいて、非常に助けられました。この差は何かといえば、当事者意識の有無だと筆者は考えます。良い外部パートナーに偶然出会うことに期待するのではなく、今の外部パートナーとの間でも前述のようなフィードバックをして日々改善していくことが必要となります。

そして、**これは外部パートナーだけでなく、従業員にもいえることで、常に自分が担当者だったら？自分が責任者だったら？と考えながら、仕事をやり抜くという姿勢が大事です。**外部パートナーが他人事としていい加減な仕事をして、それを引き継ぐ従業員も他人事としていい加減な処理をすればその会社がよくなることはまずないでしょう。全員が当事者意識をもって仕事するということを常に念頭に置いておきましょう。

【図4-3-2】全員が当事者意識をもつ

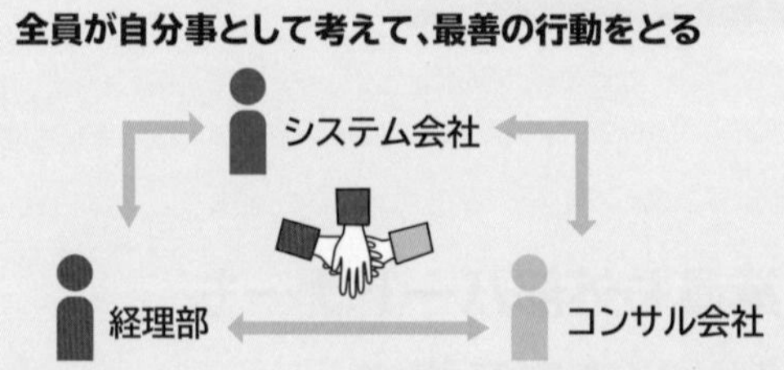

全員が自分事として考えて、最善の行動をとる

システム会社

経理部　　　　コンサル会社

Column これからの経理部はITスキル

これからの経理部は IT スキル

　機械なんて叩けば直るでしょ！って思っているアナログな皆さん、こんにちは！今はクラウドが主流ですので叩けませんね。

　昔は会社に出社して会計ソフトパッケージをインストールしたデスクトップ PC で経理業務をしていましたが、クラウド会計システムの登場でインターネットに繋がっていればいつでもどこでも経理業務ができます。

　そして、従来は仕訳を入力する際は紙の請求書や領収書をみながら一つ一つ仕訳を人の手で入力していましたが、最近は、AI の発達や OCR（Optical Character Recognition/Reader：オーシーアール。光学的文字認識）の発達などにより領収書や請求書を機械が読みとり、自動で仕訳してくれたり、銀行口座と連携して自動で仕訳が起票されたりなど経理業務はかなり効率化されています。

　そのため、請求書や領収書を入力するだけの単純作業しかできない人材は AI にとって代わられようとしているのです。逆にいえば、これらの IT ツールを使いこなせるように IT スキルを身につければ良いわけです。やるべきことが明確で良いですね！

安易な IT 化はやめろ

　最近はやたら DX（Digital Transformation）という言葉が流行っていますが、経理部でもその流れに乗って IT 化だ！デジタル化だ！と盛り上がっているという話を各方面で聞きます。その流れで誰かがこのように発言するでしょう。「よし、今のシステムを入れ替えよう」「とりあえずシステムを導入しよう」ってね。皆さんの周りの上司や役員がこのようにいっていることと思います。

　筆者は経理業務の IT 化自体はめちゃくちゃ大賛成なのですが、

手段と目的を履き違えた IT 化は本当に大嫌いです。本来ならば「業務を改善する」ことが目的であり、システム変更や導入はその手段であるにもかかわらず、DX という言葉が先行しすぎて「システムを入れ替える / 導入する」ことが目的となっている場合があります。実は既存のシステムでも業務改善は可能である場合がほとんどです。システム変更や導入をすれば派手にみえて聞こえがいいので、会社に良い評価をされたいがゆえに提案している人も中にはいるでしょう。

このように安易に IT 化と騒ぐ前に業務改善のために現状の課題やボトルネックは何かを調べないと、手段と目的を履き違えた無駄プロジェクトが横行してしまいます。現状のシステムのままで改善できることはないか？ Excel ファイルに無駄がないか？ 無駄なタスクがないか？ など IT 化の前に検討できることはたくさんあるので、口を動かす前にまずは手を動かして業務改善を図りましょう。

①
②
③
④
⑤

第5章

［連携 / 環境整備編］
経理として
生き抜くために！

さあ、物語もクライマックスです。本章ではこれまでの章でお伝えできなかったエッセンスとして、他部署との交流の仕方、経理の仕事が快適になる環境づくり、コミュニケーションのちょっとしたコツ、経理パーソンとしてのキャリア形成の仕方、おすすめ書籍などをご紹介します。明日からの業務にきっと役立つヒントがたくさんあるはずです。

最終章！はたして会計太郎くんや灰井輝くんが立ち上げた決算早期化プロジェクトはどうなるのか!?

迷惑だなんてとんでもないですよ
ご子息の輝くんのおかげで、
太郎くんも成長しましたからね

それならよかった！
太郎を親会社に出向させた
甲斐があったというもんだ

太郎くんは不器用ですが、
素直で真面目に取り組んで
くれるので信頼してますよ

輝くんとは
良いコンビです

わしの目論見通り、
太郎も輝もお互いに
足りないところに
気付けたようで
何よりだ！

まあ、わしのように
心の広い社長でなければ、
あいつらはクビが100個
あっても足りんがな！

①

②

③

④

⑤

ワッハッハッハッ

ハークション!!!

なんか噂されてる気が…

僕も…

最近は働くのが楽しくなってきましたね。

 おお、それはよかったな。

会社の人とうまくやれるようになると会社の中で知り合いがどんどん増えるようになって、仕事がやりやすくなりましたよ。

 そうだな。特に経理部以外の部署の人とつながりをもっていると仕事は格段にやりやすくなる。

そうそう。今までは経理部にしか知り合いがいなくて、他の部署の人なんか他の世界にいる人で自分には関係ない人たちだと思ってました。

 会社は経理部だけで動いているわけじゃなくて、事業部、営業部、総務部、人事部といろんな人たちが働いているからな。

たまに他の部署の人に依頼しに行こうものなら、よく向こうの部長に怒られて会議を大炎上させていました。

お前よく生き残っているよな……。

それもこれも相手の事情とか全く考えずに依頼していたからですねw

経理部が勝手に動くと思わぬところに影響したりもするからな。

そうなんです。なので、最近はまず相手の仕事を理解するところから始めるようになりましたね。

いいぞ。
そろそろお前に教えることもなさそうだな。

え？

／ 経理部は他部署と ＼ 連携しながら動いている

　経理部はほぼ全ての部署と繋がっているといってもいいでしょう。経理部で作成した決算データは、役員のもとに届けられ経営判断の材料として使用されたり、事業部や営業部で業績評価の元データとして使用されたり、その他の部署でも予算と実績を比較する際などに使用します。また、経費精算は経理部を通すことが多いのでほとんどの部署が経理部に経費精算をお願いしてくるでしょう。

　このように**経理部は会社経営を数値を使って裏から支援するバックオフィスの立場として活躍しますが、全部署と関わりをもつが故に多くの関係者に配慮した行動が求められます。**「他部署に配慮？そんなめんどくさいことしなくていいよ」とか思われるかもしれませんが、配慮せずに行動すると思わぬところから矢が飛んできて大怪我する場合もあります。

　例えば、売上に関する会計基準が改正されたから経理部で勝手に売上の計上ロジックを作って、決算データを作成したとしたら、業績評価を担当する管理会計部署からは「なんでこんなに売上が減ったんだ !?」とか、投資家に業績を説明する必要のある IR 部からは「どうやって説明すればいいんだ !?」など問い合わせが殺到して収拾がつかなくなります。

　そのほかにも小さなことだと思いきや他の部署に影響することだってあります。例えば、経理部内で勘定科目の名称やコードを勝手に変更すると他の部署でその勘定科目の名称やコードを使って業務している場合はそれに影響を与えてしまいます（管理会計側で経理の決算データを組替えて、業績評価用のデータを作成している場合には、経理部の勘定科目コードを参照している場合があります）。

　上場企業の親会社であれば、他の部署だけではなく、子会社や監査法人にも気を配る必要があります。先ほどの勘定科目の変更などは、かなり前から子会社に通知しないと子会社側からデータを集めることができずに、決算のミスや遅延につながってしまうリスクもあります（子会社は親会社に財務データを送付する際に子会社が使用している勘定科目コードと親会社で使用している勘定科目コードを紐づけて送付しているので、このコードが勝手に変わるとデータを送付できません）。

　非上場の中小企業であれば、会計事務所との連携も必要であり、例えば、給与

や請求書の締日を変更したり、新しい取引を開始したりすれば、記帳などをお願いしている会計事務所にも情報を早めに伝えないと記帳ミスにもつながってしまいます。

　経理部の一つ一つの行動が他の関係者に影響を与えているんだ、ということを常に意識しておきましょう。

【図5-1-1】経理部の行動が他の関係者に影響を与える例

経理部の行動	影響のある関係者の一例	詳細	最適な行動の一例
収益に関する会計基準が改正される ▼ 売上の計上ロジックを一括計上から分割計上に変更した	管理会計部 IR部	販売単価や個数などの販売実績は前期と当期であまり変わってないはず ▼ しかし、売上が減少 ▼ 正しく業績を評価できない ▼ 投資家にも説明ができない	・改正を事前に共有 ・売上計上ロジックを一緒に検討する(メインは経理) ・会計基準改正前(後)で統一して前期と当期を比較できるようなデータを作成する
経理部で使用している勘定科目コードを変更した	管理会計部 子会社 監査法人	・管理会計部で独自に使用している管理会計用勘定科目コードと経理部で使っている勘定科目コードを紐づけて業績評価をしている ・子会社の会計システムで使用している勘定科目コードと親会社経理部で使用している勘定科目コードを紐づけて親会社に財務データを提出している	・関係部署に勘定科目コードを変更することをアナウンスし、影響範囲を調査したうえで変更する

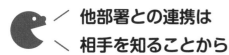

他部署との連携は相手を知ることから

　さて、読者の皆さんは、経理部以外の部署がどのような仕事をしているのかそもそもご存知でしょうか?ここを知っておかないと経理部の行動が他の部署にどのように影響するのかわからないので、経理部の方々はぜひ他の部署の方々と交流してください。

　ちなみに、筆者も事業会社の経理部に入りたての頃は他の部署が何をしているのかまったく知らず、無邪気に勝手に勘定科目を変更して、子会社数百社からクレームをうけてとんでもないことになった経験があります。会社の他の人が何をしているか知らないで行動することの危険性を身をもって知りました。

　また、さきほどは経理部の行動が他の関係者の業務に影響を与えるという話をしましたが、他の関係者の行動が経理部の業務に影響を与えることもあります。例えば、事業部が従来は単品のみの販売だった製品に、こっそり 2 年間の保守サービスをセットにして販売する形態に変えたとします。経理部は本来、その場合売上の計上方法を変更する必要がありますが、勝手に変えられたら経理部は情報をキャッチすることができず、従来のまま経理処理してしまって会計処理を誤ることになります。

　これも、事業部の人が商品の販売方法を変えると経理の処理も変わるということを知らないが故に発生するミスであり、お互いの部署の業務内容を知らないと会社内でミスが多発してスムーズに活動することができません。積極的に他部署の人と交流を図り、情報交換するようにしましょう。

①
②
③
④
⑤

【図5-1-2】各部署の業務内容

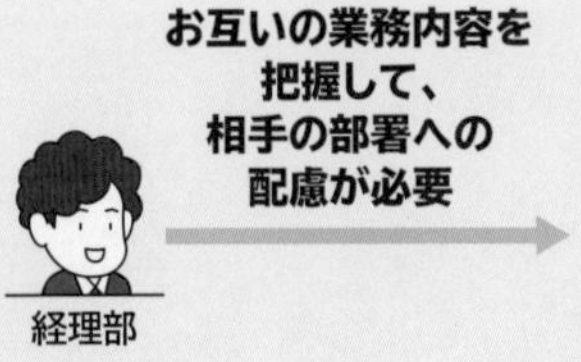

お互いの業務内容を
把握して、
相手の部署への
配慮が必要

経理部

部署	主な業務内容
IR 部	・四半期報告書、決算短信、計算書類、有価証券報告書、任意で開示する資料など経理部が担当する以外のパートの開示書類の作成 ・投資家に自社の経営成績や財政状態などを説明し、投資に必要な情報を提供するなどの投資家とのコミュニケーション ・株主総会の運営など
管理会計部	・経理部は法律で決められた数値を作成するが、管理会計部は会社独自のルールで各子会社や各事業の業績を評価するための数字を作成 ・予算と実績の対比や来期の予算計画作成など
財務部	・会社の資金繰り、資金調達、財政状態の分析など、会社の資金管理の役割を担当 ・金融商品の管理など
人事部	・従業員の給与計算や勤怠管理などの労務管理 ・採用や採用戦略、人事戦略の検討 ・役員の報酬形態の検討など
総務部	・オフィスのレイアウトや備品などのオフィス管理や固定資産管理 ・議事録等の重要書類管理 ・会社の福利厚生管理など

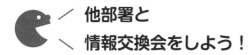

他部署と情報交換会をしよう！

部署をあげて公式に情報交換するような仕組みが会社内にあれば交流は活発化します。

　例えば、他部署の情報共有会議などにお邪魔して 20 〜 30 分ほど時間をもらい、経理部の業務内容をプレゼンするような催しです。そして、そのお返しに経理部の情報共有会議などに他部署の方に来てもらって他部署の業務内容をプレゼンしてもらいます。その際プレゼン資料なども共有してもらって経理部のフォルダに格納し、経理部なら誰でもみられるようにすれば中途入社の人も学習することができます。

　これを会社内の全部署でやればお互いの業務内容を把握でき、また知らずにかぶっていた業務や連携できるような業務がみつかることもあります。筆者も IR 部の方の業務内容をあまり知りませんでしたが、IR の方に投資家コミュニケーションの内容などどんなことをしているかを経理部の会議でプレゼンしてもらったことで、IR 部の業務を知ることができ、経理部として数値データの渡し方を工夫して使ってもらいやすくしようとしたものです。

　もしまだ会社内でこのような機会がない場合は「提案」をしてみてはいかがでしょうか？「提案」する場合は何をしなければならないかはもう学習済みですね？プレゼン資料を作るのは面倒かもしれませんが、このような活動をしていれば会社内での交流は活発化していき、業務効率は格段にあがるでしょう。

【図5-1-3】他部署の情報交換会

経理部の業務は大きく分けて日次業務、月次業務、年次業務、都度業務の4種類あります。

具体的には・・・
〜〜〜

そして、今現在は決算早期化プロジェクトを進行中です。

他部署の会議に参加

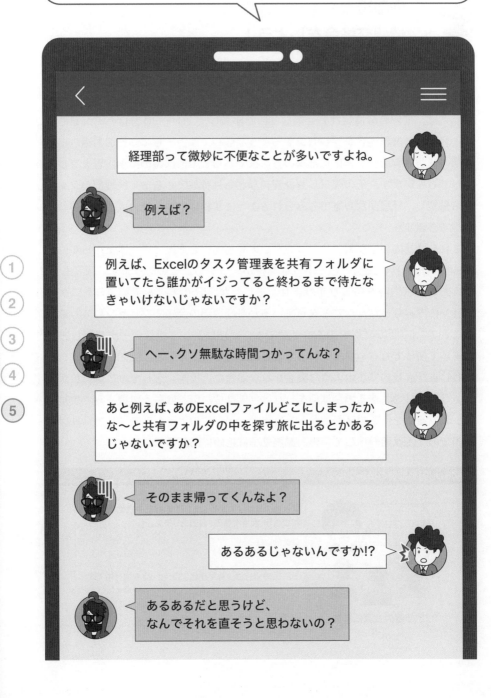

だって、そういうもんかなと……。

そういうちょっとしたことって一日の数分〜1時間程度のロスかもしれないが、それが年間になったらバカにならない時間を無駄にしてることになるんだぞ？

た、確かにそうですね……!!

会計システムの変更とか経費精算システムの導入とかそういった大きな改善事項に目が行きがちだが、快適に経理部ライフを送ろうと思ったらそうした小さなことも改善していかなきゃならない。

そういうものだと思って受け入れちゃっていました。ちょっとした不便なことを今から書き出していこうと思います！

例えば喋りかけるなオーラを放ってて、後輩がいつ話しかけていいんだろうかと迷う無駄な時間を作り出しちゃっている先輩の存在とかな。

それくろいさんですか？よくないですよ！

／ ちょっとした不便を ＼ 改善していこう

　経理業務をしているとちょっとしたことでも不便だなと思うことがたくさんありますよね。経理部あるあるのような話かもしれませんが、以下では「こんな不便なことあるよね？」という例を示し、それに対する改善策を提案します。もし自社の経理部でもこのような不便なことをしていたら参考にしてください。

【ちょっとした不便①】タスク管理表の記入の順番待ち

　おそらくどの会社の経理部でも経理部用の共有フォルダがあり、そこにいろいろとファイルなどを格納していると思いますが、その中に経理部のタスク管理表があると思います。タスク管理表は経理部のタスクがズラリと並んでいて、タスクが終わったら進捗状況欄をアップデートする必要がありますが、誰かが共有フォルダ上でファイルを開いていると警告メッセージが出て、共有フォルダ上のExcel ファイルを更新することができません。よって、誰かの記入が終わるまで待つ必要があります。この時間って無駄ですよね？なんならその人が Excel ファイルを閉じ忘れていてずっと待たされるなんてこともあります。

　共同で Excel ファイルを操作するようなものであれば、共有フォルダに Excel ファイルを置くのではなくて、Google スプレッドシートを活用して、みんなで作業しましょう。ちなみに Excel でも共有機能というものがあり、共同作業ができるようになっていますが、動作が安定せずファイルが壊れたりする場合もあるのであまりおすすめしません。Google スプレッドシートであれば快適に作業することができます。

　さらにタスク管理ツールを導入するという手段もあります。Google スプレッドシートだと決算期が変わったタイミングで更新する必要があったり、タスクのフィードバックはスプレッドシート外で行うなど、ここでもちょっとした不便があったりもしますが、タスク管理ツールであれば、更新も楽ですし、タスクのフィードバックもタスク管理ツール上で会話できたり、ガントチャートも自動で作ってくれますので、予算に余裕があれば導入も検討してみましょう。

【図5-2-1】タスク管理表

Before

■ 共有フォルダ上のタスク管理表

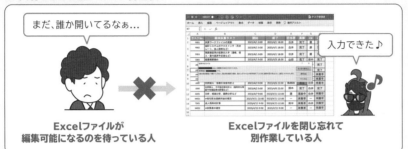

まだ、誰か開いてるなぁ...

入力できた♪

**Excelファイルが
編集可能になるのを待っている人**

**Excelファイルを閉じ忘れて
別作業している人**

After

■ Googleスプレッドシートで作成したタスク管理表

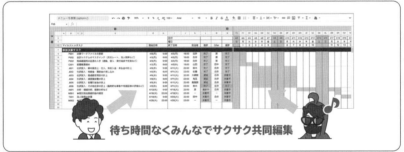

待ち時間なくみんなでサクサク共同編集

① ② ③ ④ ⑤

※この他にもタスク管理ツールを使って、もっと便利にタスクの進捗管理を行えます
（タスク管理ツールの例：Jira、Asana、Trelloなど）

【ちょっとした不便②】共有フォルダの迷宮に迷い込む

　前述の経理部の共有フォルダは様々な過去の経理部の資料などが格納されていますが、共有フォルダの構成に一定の決まりがないとメンバーみんなが思い思いに自由に資料を格納し、欲しい資料がなかなか探せないという問題が生じます。

　この探す時間はかなり無駄で、気づいたら1時間たっていたなんてこともあります。

　この問題を解消するためには共有フォルダの構成にルールをもたせることです。最初は大きな区分でフォルダ分けして、どんどん詳細な情報にドリルダウンできるような仕組みが良いでしょう。各フォルダをナンバリングし、順番に並べておき、誰がみても目的の資料に辿りつきやすくなるようにメンバーでフォルダ分けの規則について共有し、そのルールに従って格納してもらうようにしましょう。

　また、メンバーには勝手に自分でフォルダを増やす権限をなくし、既存のフォルダ分けにそぐわないような資料が出てきた時にのみ管理者の人に相談し、フォルダを増やす権限を与えてもらうなどのルールも必要です。こうすることで探す時間は大幅にカットできるでしょう。

　なお、共有フォルダを Google ドライブにすれば、キーワードを検索することによって素早くみつけることもできます。さらにメールやチャットも検索の得意な Google 製品を使えば、キーワードで検索して、会話も探し当てることができます。予算と相談しながら Google 製品を使用するという手法もあります。

【図5-2-2】共有フォルダのルール

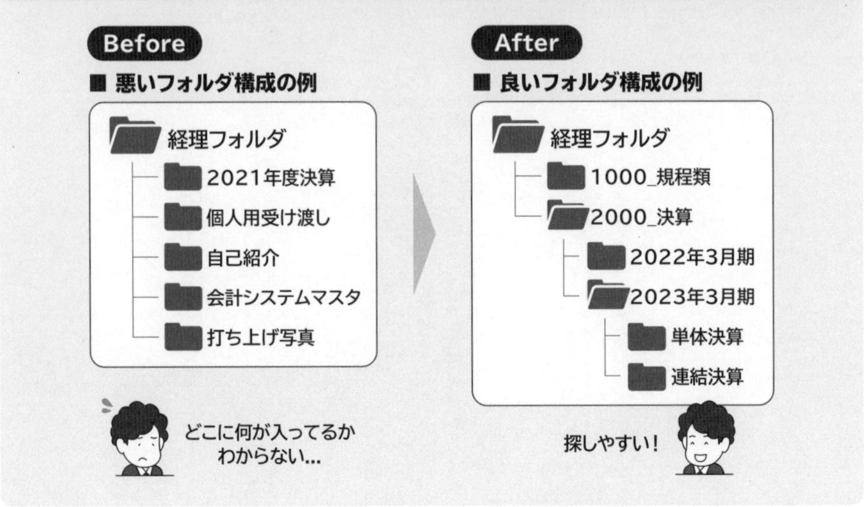

Before
■ 悪いフォルダ構成の例
- 経理フォルダ
  - 2021年度決算
  - 個人用受け渡し
  - 自己紹介
  - 会計システムマスタ
  - 打ち上げ写真

どこに何が入ってるかわからない...

After
■ 良いフォルダ構成の例
- 経理フォルダ
  - 1000_規程類
  - 2000_決算
    - 2022年3月期
    - 2023年3月期
      - 単体決算
      - 連結決算

探しやすい！

【ちょっとした不便③】ファイル名が無法地帯

　共有フォルダ構成と同じくらい大切なのはファイルの命名ルールです。これも経理部メンバー全員が思い思いに自由にファイルを命名しているとどのファイルがいつのものでどれが最終版なのかわからないことになり、また探す時間が増えてしまいます。「増減分析 _final_v2_202303.xlsx」とかもう意味がわかりませんよね。

　よって、共有フォルダと同じようにファイルの命名ルールを経理部メンバー内で、例えば、「タスク No._ タスク名 _ 決算期 (yyyymm で表示)」などのように統一して、周知すればファイルを探す時間を格段に減らすことが可能です。

【図5-2-3】ファイル命名ルール

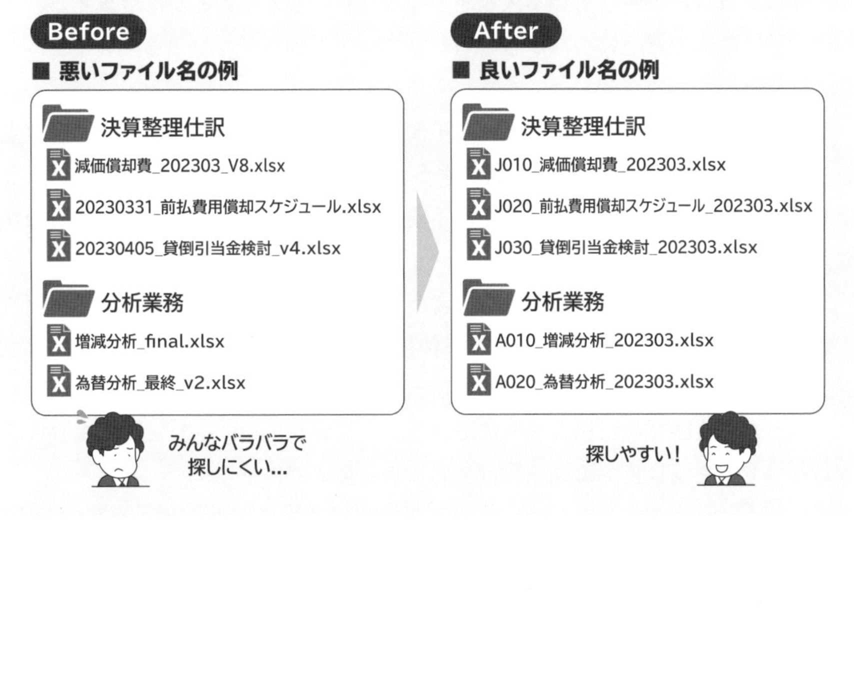

Before

■ 悪いファイル名の例

📁 決算整理仕訳
- 📄 減価償却費_202303_V8.xlsx
- 📄 20230331_前払費用償却スケジュール.xlsx
- 📄 20230405_貸倒引当金検討_v4.xlsx

📁 分析業務
- 📄 増減分析_final.xlsx
- 📄 為替分析_最終_v2.xlsx

みんなバラバラで
探しにくい…

After

■ 良いファイル名の例

📁 決算整理仕訳
- 📄 J010_減価償却費_202303.xlsx
- 📄 J020_前払費用償却スケジュール_202303.xlsx
- 📄 J030_貸倒引当金検討_202303.xlsx

📁 分析業務
- 📄 A010_増減分析_202303.xlsx
- 📄 A020_為替分析_202303.xlsx

探しやすい！

／【重要】大事なのは改善しようとする
＼　意思とコミュニケーションの円滑化

　以上、ちょっとした不便のごく一部の改善例を示しましたが、ほんとにごく一部であり、これ以外にもまだまだ存在するものと思われます。ここですべてを紹介することはできませんが、大事なのは不便を不便にしっぱなしにするのではなく、それを改善しようとする意思です。多くの人が不便として受け入れてしまっていたり、不便だけど動きたくないなどでそのままにしてしまっていることが多いのですが、それがコミュニケーションを阻害している要因だと思われます。例えば、前述のタスク管理表の待ち時間ですが、更新に時間がかかったり、ファイルの閉じ忘れなどで待っている人をイライラさせてしまうことがありますが、それによって関係の悪化につながってコミュニケーションがとりづらくなるということにも発展しかねません。

　そもそもファイルの待ち時間という不便さえなければそのようなイライラは生じず、「ファイルの閉じ忘れに注意しよう」という根本的な解決にならないようなものをアナウンスするのではなく、不便そのものを無くすというような発想が重要です。

　コミュニケーションの活性化はこのような小さな不便を解消することでも達成できますので、自身の経理部ライフで不便に感じていることがあれば、リストアップし、改善案を経理部メンバーで話し合ってみましょう。

　このときも会議で急に提案するのではなく、先輩や上司にそれとなく相談、根回しをしてから話し合いの場を設けてもらうと良いでしょう。

最近くろいさんのおかげで仕事が順調ですよ。

 おお、それはよかったな。

会社のライバルだった嫌なやつともうまくやれてますし、何より正しい仕事の進め方を知るとめちゃくちゃ仕事が捗るようになりました。

 そうだな。専門知識を磨くのは当たり前のことだが、それだけじゃ事業会社ではやっていけない。

最初経理部に入ったのはコミュニケーションが苦手だからだったんですが、逆に経理部ではめちゃくちゃコミュニケーション能力が求められてビックリしました。

 世の中の多くの人がそこを誤解しているが、誤解が解けてよかったよ。そしてコミュニケーションってのは仲良くなることじゃなくて信頼関係を築くことだからな。

めちゃくちゃよく喋るけど何いってるかわからない人っていますよね。

いるなw

最初はああいう人がコミュ力高いのかなって思ってましたけど、そうじゃないんですね。信頼関係が築けないから、そういうのはコミュニケーションとは違うって最近わかってきました。

そうだ。あと最初にもいったが、会社はいろんな思いの人が集まっている場所だから、みんながみんな自分と相性がいいわけではなく、苦手な人も必ずいるんだ。そういう人と仲良くなろうとするんじゃなくて、仕事で信頼関係を築けばいいんだ。

いやー、まったくおっしゃる通りですね。でも、気づいてます？くろいさん。

なんだ？

最近ボケが急に減ってます。

終盤だし、ええんやで。

自分と相手の思いが共有できて 初めてコミュニケーションが成立

　繰り返しですが、経理部ではコミュニケーション能力が必須となります。これまで述べてきたような根回しや他部署との交流には、コミュニケーション能力が求められます。しかし、コミュニケーションに関する誤解が世の中にたくさんあふれているように思います。

　間違ったコミュニケーションの例は、コミュニケーションが一方通行で、自分と相手の思いが共有されていないという状態です。一方通行でたくさん発信してコミュニケーションをとったと勘違いしているかもしれませんが、相手が理解していなければなんの意味もなく、一方通行の発信がたくさんできるからといって、それはコミュニケーション能力が高いとはいえません。

　例えば、経理部員が当期の正社員一人あたりの人件費を算出しようと思って、人事部に「従業員データをください」と依頼したとします。そうすると人事部から従業員データが届いたものの、前期のパート・アルバイト・派遣社員も含めた従業員数のデータが届いたとしたらどうでしょう？経理部側はこのデータじゃないですよと再度依頼する手間が増えますし、人事部側は早くいえよと思い、摩擦が生じてしまうでしょう。これは正しくコミュニケーションがとれてないということです。

　情報を発信して相手に正しく自分の意図を伝え、自分と相手の思いが一致して初めてコミュニケーションがとれたといえますので、「たくさん喋ったからコミュニケーション完了」とならないように注意しましょう。

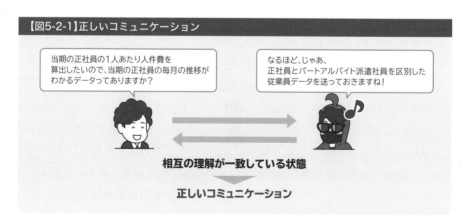

【図5-2-1】正しいコミュニケーション

当期の正社員の1人あたり人件費を算出したいので、当期の正社員の毎月の推移がわかるデータってありますか？

なるほど、じゃあ、正社員とパートアルバイト派遣社員を区別した従業員データを送っておきますね！

相互の理解が一致している状態

正しいコミュニケーション

／ 【再掲】コミュニケーションのコツは
＼ 恩の貸し借り

　これは前作『経理になった君たちへ』でも書いたことですが、よく喋るからコミュニケーション能力が高いかといえばそうではなく、前述のように相手と意思疎通できていなければ意味がありません。**そして、恩の貸し借りをして信頼関係を多く築けること、それこそがコミュニケーション能力です。**極論ですが、喋らなくても資料などの成果物のクオリティが高く、成果物だけで相手と意思疎通できればそれはコミュニケーションができているということになります。成果物にコミュニケーションしてもらうみたいなものです（実際は話さないと思いとか細かい部分は伝わらないので必ず話す必要はあります）。

　コミュニケーションのコツとして恩の貸し借りの話を前作でしましたが、他部署との交流などでは非常に大事なことなので一部加工して引用します。

> **【白井敬祐 著『経理になった君たちへ』**(税務研究会出版局、第 1 章第 4 節 P40 より)】
> 　約 10 年間会社員として働いてきてみて、他人と良好な関係を築くための**コミュニケーションのコツは「恩の貸し借り」**にあると思っています。人間誰しもが完璧ではなく、自分一人でできることは限られており、時にはミスもします。もし自分が困った時に助けてくれる人がいるかどうかは普段のコミュニケーションで良好な関係者が何人いるかによると思います。よって、会社内で困った人がいれば率先して助けてあげるようにして、普段から「恩を貸す」ことで、もし自分が困った時に恩を返してもらえる人を増やしていきましょう。
>
> 　自分が困った時に協力者が多いことはそれだけで会社内でもアドバンテージです。同僚や上司、あるいは他部署の人からちょっとした相談事に乗る際に「私は詳しくないのでわかりません」と突き返すだけじゃなく「私は詳しくないのでわかりませんが、あの人が詳しかったと思うので聞いてみたらどうでしょう？」などと解決の糸口をつなぐだけでも感謝されます。
>
> 　このような恩の貸し借りの積み重ねを多方面で行えば多くの人と信頼関係を構築することができます。**コミュニケーション能力は喋る量ではなく、**

相手への貢献度の量だと思いますのでそれを意識して行えば自然と相手と良好な関係を築けていけることでしょう。

※恩を仇で返してくる人もいるので見極めは大切です（笑）
※もちろん簿記などの専門性がないと頼りにもされないのでその他のスキルも身につけましょう。

【図5-2-2】恩の貸し借り

 ／ **経理部内は**
＼ **コミュニケーションを可視化しろ**

　コミュニケーションが活発になれば、経理メンバーにナレッジが共有され、それが蓄積されていき、業務効率はアップしていきます。

　コミュニケーションが活発＝経理メンバーの会話量が増える、ということを連想しがちですが、会話するだけではダメです。雑談量が増えても逆に業務効率は落ちるだけです。会話によって経理メンバーのナレッジ共有が図られるべきですが、「話す」という手法のみだと現存のメンバー内でのみナレッジが蓄積され、現存メンバーが退職した場合はそのナレッジがまたゼロに戻ります。コミュニケーションしてもナレッジが消えてしまうのであればその場しのぎに過ぎず意味がありません。

　これは経理部内で陥りやすい罠で、例えば、その道20年のベテラン経理パーソンがいて、たくさんの部下たちが疑問点などをその人に過去の経験からアドバ

イスをもらってその場をしのぎ、**部下たちはベテラン経理パーソンを中心にワイワイ盛り上がる。一見コミュニケーションが活発で良い経理部にみえますが、そのベテラン経理パーソンが退職した瞬間にその会社のナレッジが消え去り、部下たちは絶望します。多くの会社でこのようなことが起こっています。**

　これを防ぐには、問題が発生したり、新しい取引の会計処理を検討した際には必ず文書化しましょう。いわゆる " ポジションペーパー " と呼ばれるものです。これには様々なフォーマットがありますが、最低限以下を記載することによって、「判断過程」を文書として残します。

＜ポジションペーパーの中身＞
①問題発生の経緯　②問題の所在　③問題となる会計基準
④対応結果　⑥判断した理由

（①）（②）（③）（④）（⑤）

　もし監査法人がいる場合は、監査法人にチェックしてもらい、会社内で正式合意をとれば、それが会社の方針として正式に採用されます。この正式に承認されたポジションペーパーを経理部内のメンバーがいつでもみられる共有フォルダに格納しておきましょう。そうすることでメンバーが問題に直面した時に似たような事例がないか探すことができますし、ベテラン経理部員が退職したとしてもナレッジは会社内に蓄積されます。**つまり、属人化している業務を可視化するということです**（ベテラン社員は過去のナレッジを隠しもつことで会社内での優位性を発揮してたりするのでベテラン社員自身がこれをするのは難しいですが……）。

　しかし、はっきりいってこれはめんどくさいです。ポジションペーパーの作成は手間だし、監査法人からなかなか OK をもらえないかもしれません。ですが、これを作ることによって、確実に他のメンバーからは感謝されますし、評価もされます。この論点はあの人に聞けば大丈夫、という自身の宣伝のような役割も果たしてくれます。

　ベテラン社員に属人化してしまった業務を聞き出してポジションペーパー化して可視化するなんていう業務を上司に「提案」するということもできそうですね。

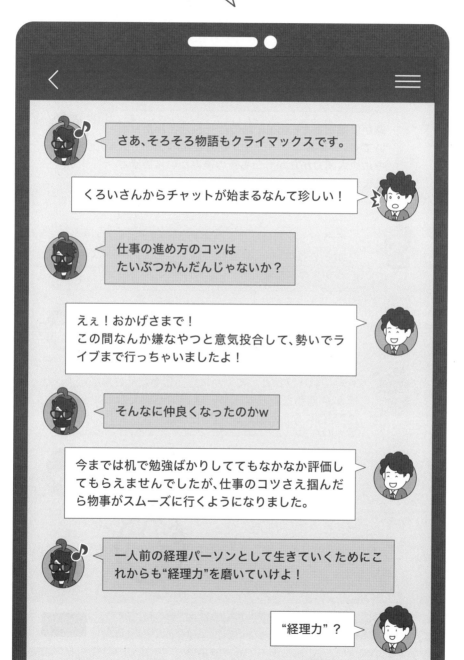

さあ、そろそろ物語もクライマックスです。

くろいさんからチャットが始まるなんて珍しい！

仕事の進め方のコツは
たいぶつかんだんじゃないか？

えぇ！おかげさまで！
この間なんか嫌なやつと意気投合して、勢いでライブまで行っちゃいましたよ！

そんなに仲良くなったのかw

今までは机で勉強ばかりしててもなかなか評価してもらえませんでしたが、仕事のコツさえ掴んだら物事がスムーズに行くようになりました。

一人前の経理パーソンとして生きていくためにこれからも"経理力"を磨いていけよ！

"経理力"？

俺が作った言葉だが、「経理力＝ハードスキル×ソフトスキル×人間力」で表されるものだ。このうち2つさえ抜きん出れば事業会社で一人前の経理パーソンとして評価されるだろう。

確かに簿記とかExcelとかのハードスキルだけ磨いても、コミュニケーション能力とかのソフトスキルや人間力がなかったら昔の僕みたいに評価されませんからね。

そうだ！お前はソフトスキルは今回で鍛えられたかもしれないが、親会社の経理としてハードスキルがまだまだだ！

くぅ～～～道のりは遠いなぁ！

経理パーソンとしていかに専門書をたくさん読むかも重要だからな！あと経理の心構えなら前作『経理になった君たちへ』でしっかり学べよ！

最後に宣伝w よろしくお願いいたします！

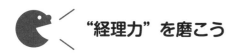

"経理力" を磨こう

　今作では経理は専門知識だけでは事業会社の経理部で生き残れない、ということを主要なメッセージとして、ハードスキルではなく、ソフトスキルの面にフォーカスをあててきました。しかし、ハードスキルを軽視していいかというと決してそんなことはありません。ソフトスキルだけではただの口先だけで中身の伴わない経理パーソンになってしまいます。一人前の経理パーソンになるためにはどれか一つに偏らず総合的な力を身につける必要があります。この一人前の経理パーソンとしての総合的な力を "経理力" と呼ぶことにします。

　この経理力は以下のような式に表されます。

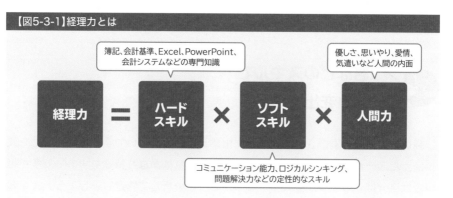

【図5-3-1】経理力とは

簿記、会計基準、Excel、PowerPoint、会計システムなどの専門知識

優しさ、思いやり、愛情、気遣いなど人間の内面

経理力 ＝ ハードスキル × ソフトスキル × 人間力

コミュニケーション能力、ロジカルシンキング、問題解決力などの定性的なスキル

① ② ③ ④ ⑤

　一人前の経理パーソンとして評価されるためには、どれか 1 つだけを伸ばすのではなく、これらの構成要素を偏りなく、バランスよく強化する必要があります。3 つすべて伸ばせれば良いですが、このうち 2 つが人より優れていれば事業会社では評価されます。

　例えば、以下のような組み合わせが考えられるでしょう。

①ハードスキル×ソフトスキル

　このタイプはいわゆる「仕事がバリバリできるちょっと嫌なやつ」です。能力が高いので仕事はできるものの、思いやりに欠けるところがあります。とっつきにくいですが成果物はしっかりしていて職場内の信頼は厚く、評価もされます。今作でいえば、4 章までの灰井輝くんがイメージとして近いかもしれませんね。

②ハードスキル×人間力

このタイプは「ちょっぴり不器用だが、憎めない職人」です。職人として技術力は高いんですが、それを活かす術が下手で、なかなかその技術力が伝わらないけれど、なんかいい人なのでその技術力を伝えるのを誰かが手伝ってくれることで会社で評価されるタイプです。

③ソフトスキル×人間力

このタイプは「器用で憎めない不勉強者」です。コミュ力が高く問題解決力などのスキルが高いのでプロジェクトの進め方やプレゼンは得意ですが、専門知識が不足しているので深い検討ができず高い成果物を残せません。ですが、いい人なので専門知識は誰かがフォローしてくれて、高い成果物をスムーズに残せるので会社で評価されます。

 ／ 君はどのスキルで
＼ 強みを出す？

経理力の構成要素の３つすべてを強化することは難しいです。稀にすべてを兼ね備えたスーパー経理パーソンもいますが、それはかなり特殊ですので、多くの場合は自分はどの２つが優れているのかを自己分析して特定しましょう。よく起こる間違いとして、会社で評価されようとしてハードスキルだけ（例えば簿記だけ）勉強したり、ソフトスキルを伸ばそうとロジカルシンキングなどのセミナーばかり参加しても、経理力のうち１つの要素しか鍛えてないことになりバランスが悪いのであまり意味がありません。

人間力は育ってきた環境や周りの環境次第であり、なかなか判定は難しいですが、自分が本当に困った時に助けてくれる人がいるかどうかが目安かと思います。考えてみたけど上辺だけの付き合いで誰もいない……という方は今後、人の気持ちを考えて、人のためになる行動をしていきましょう。

人並みに努力して現状維持、 人の倍努力して成長

ここまでお読みいただきありがとうございました。筆者は 10 年間の実務経験のうち 6 年間は監査法人で働いていましたが、そこではハードスキルが伸び、4 年間は事業会社の経理として働き、ソフトスキルが大きく伸びたように思います。事業会社の経理部に入ったときはハードスキルしか保有しておらず、まったく思うように仕事を進めることができませんでした。その時にソフトスキルの重要性に気づき、試行錯誤しながら習得しました。この事業会社の経験が大きく自分を成長させてくれたように思います。今作はこのソフトスキルにフォーカスをあてて、筆者が事業会社で習得した仕事の進め方のエッセンスとコミュニケーション術を言語化してみました。

最後にお伝えしたいのは、**経理部はルーチンワークになりがちで、ルーチンワークをやっているうちは自分の成長はなく、自分のキャリアの歩みが止まったと考えた方が良いということです。**時代はどんどん進んでいき、技術も発展していきますから、自分が止まると時代に大きくとり残されるという危機感をもった方が良いでしょう。

よく「現状維持でいいから成長なんか求めていません。だから何もしたくないです」という方が多くいますが、現状維持＝何もしないこと、では決してありません。何もしないことは時代にとり残されることですからむしろ退化です。法改正を追いかけたり、本を読んで勉強したりなど人並みに努力することでようやく時代についていけて現状の生活を維持できるようになるでしょう。もっと年収をあげたいなど成長を追い求めるなら、現状維持をしている人以上に勉強したり、難関試験にチャレンジするなどの努力が必要になります。

ルーチンワークをやってるなと感じたら、どうか次の行動に移すようにしてください。また、**自分に足りない弱点を補うために努力したり、逆に自分にある強みを伸ばす努力などを行い、そして、自分の理想のキャリアを手に入れてください。**そのヒントに今作が役立つことを願っております。

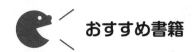

おすすめ書籍

　今作では主に経理パーソンのコミュニケーションについてお伝えしてきましたが、もっと個別のスキルなどについて知りたいとお考えの方もいらっしゃると思います。そういった方々のために、私が読んできて参考になると思った本や面白いと思った本を最後にご紹介します。この他にも多々ありますが、レベルが高すぎたりマニアックすぎたりするので、初心者でもわかりやすい内容のものを厳選しておりますことをご了承ください。

・ロジカルシンキング／問題解決能力
『ロジカル・プレゼンテーション――自分の考えを効果的に伝える戦略コンサルタントの「提案の技術」』
(高田 貴久（著）、英治出版、2004 年 2 月発行)

『問題解決――あらゆる課題を突破する　ビジネスパーソン必須の仕事術』
(高田 貴久（著）、岩澤 智之（著）、英治出版、2014 年 3 月発行)

　2 冊ともに同じ著者の本であり、コンサルタントとして必ず読んでおくべき名著。私がコンサルタントとして働くことになった時に、先輩からまずこれを読めと渡されたものであり、実務で役立つ内容なのでビジネスパーソンとしては必読です。

・経理業務の改善スキル①
『改正電子帳簿保存法とインボイス制度対策のための　経理 DX のトリセツ』
(児玉 尚彦（著）、上野 一也（著）、日本能率協会マネジメントセンター、2022 年 12 月発行)

　タイトルは改正電帳法とインボイスとなっていますが、経理部が業務改善をする上で、ペーパーレス化や業務のデジタル化に向けてかなり参考になります。

・経理業務の改善スキル②
『「経理の仕組み」で実現する 決算早期化の実務マニュアル〈第 2 版〉』
(武田雄治（著）、中央経済社、2016 年 3 月発行)

　決算早期化や業務改善の名著。業務改善しようと思うならまずこの本から読むと良いでしょう。デジタル化や IT 化の前にやるべきことはたくさんあります。

・Excel スキル①
『たった 1 日で即戦力になる Excel の教科書【増強完全版】』
（吉田拳（著）、技術評論社、2020 年 3 月発行）

　実践的な Excel スキルをすぐに学びたい方にはおすすめ。テクニック的な話はもちろんですし、その前の改善のための考え方も参考になります。

・Excel スキル②
『関数ちゃんと学ぶエクセル仕事術 実務で役立つ Excel 関数を擬人化したら？』
（筒井 .xls（著）、できるシリーズ編集部（著）、インプレス、2023 年 3 月発行）

　仕事で頻出する関数をまずは押さえたいという方におすすめ。関数が擬人化されており、ストーリーを追うなかで自然と関数の機能や特性を掴めるでしょう。

・パワポ作成スキル / プレゼンスキル
『会計士・税理士のための伝わるプレゼン術』
（眞山 徳人（著）、中央経済社、2022 年 5 月発行）

　タイトルは会計士・税理士向けですが、経理部にも通じる内容でおすすめ。資料作成のコツやプレゼンのコツをうまく言語化してくれている書籍です。

・会計知識
『世界一やさしい 会計の教科書 1 年生』
（登川雄太（著）、ソーテック社、2021 年 11 月発行）

　そもそも簿記や会計知識がない初心者におすすめの本。前半は簿記の話になるが、後半は財務諸表の読み方や会計用語をこれでもかとわかりやすく解説しているので会計リテラシーを高めるのにちょうど良い本です。

① ② ③ ④ ⑤

・簿記①

『ホントにゼロからの簿記3級「ふくしままさゆきのホントに」シリーズ』

(ふくしままさゆき（著）、Kindle 限定電子書籍、2014年1月発行)

　簿記学習の初めの一歩におすすめ。理屈から解説されているので、簿記の考え方を理解しやすいでしょう。著者は簿記系 YouTuber のトップランナーでもあるので YouTube 講義と一緒に学習することをおすすめします。

・簿記②

『CPA ラーニング』

(CPA エクセレントパートナーズ株式会社 提供)

　オンラインで簿記3級～1級が完全無料で学べます！講義・教材・ネット模試など学習に必要なものをすべて無料で提供。さらに、簿記の先にある「経理実務」の入門講義は筆者が解説担当中です！

※利用には無料の会員登録が必要となります。

・決算書の読み方

『会計クイズを解くだけで財務3表がわかる 世界一楽しい決算書の読み方
［実践編］』

(大手町のランダムウォーカー（著）、KADOKAWA、2022年6月発行)

　書店に必ずある、言わずと知れた名著の実践編。決算書の読み方を初心者用に解説している本ですが、上級者でも参考になります。特にビジネスモデルと決算書の数値を結びつける訓練になります。

①
②
③
④
⑤

著者紹介

しらい けいすけ
白井 敬祐

　公認会計士。2011 年公認会計士試験合格後、清和監査法人で監査業務に従事した後、新日本有限責任監査法人及び有限責任監査法人トーマツで IFRS アドバイザリー業務や研修講師業務に従事。その後、株式会社リクルートホールディングスで経理部に所属し、主に連結決算業務、開示資料作成業務や初年度の IFRS 有価証券報告書作成リーダーを担当。

　2021 年 7 月に独立開業し、現在は CPA 会計学院にて会計士講座（財務会計理論）や CPA ラーニングの講師を務め、近畿大学経営学部の非常勤講師として学生向けに会計士講座を開講。会計を楽しく学べる『公認会計士 YouTuber くろいちゃんねる』を運営。

　著書に『経理になった君たちへ』（税務研究会出版局）がある。

YouTube	Twitter

伝わる経理のコミュニケーション術
～ストーリー形式で楽しく身につく！調整力/プレゼン力/対話力～

令和5年6月14日　初版第1刷印刷
令和5年6月24日　初版第1刷発行

（著者承認検印省略）

Ⓒ　著　者　　白　井　敬　祐

発　行　所　　税 務 研 究 会 出 版 局
週刊「税務通信」「経営財務」発行所

代　表　者　　山　根　　　毅

〒100-0005
東京都千代田区丸の内1-8-2 鉄鋼ビルディング
https://www.zeiken.co.jp

乱丁・落丁の場合は、お取替えいたします。　印刷・製本　テックプランニング株式会社
装丁　小口 翔平 + 嵩 あかり （tobufune）

ISBN978-4-7931-2761-8